Coleção Segredos da Mente Milionária

COMO VIVER MELHOR EM TEMPOS TURBULENTOS

Os 7 pontos-chaves do autoconhecimento

JAMES ALLEN

Coleção Segredos da Mente Milionária

COMO VIVER MELHOR EM TEMPOS TURBULENTOS

Os 7 pontos-chaves do autoconhecimento

Tradução: Silvia Maria Moreira

Principis

Esta é uma publicação Principis, selo exclusivo da Ciranda Cultural
© 2021 Ciranda Cultural Editora e Distribuidora Ltda.

Traduzido do original em inglês
Above lifes turmoil

Texto
James Allen

Tradução
Silvia Maria Moreira

Preparação
Sandra Brazil

Produção editorial
Ciranda Cultural

Revisão
Luiza Acosta

Diagramação
Linea Editora

Design de capa
Ana Dobón

Dados Internacionais de Catalogação na Publicação (CIP) de acordo com ISBD

A425c   Allen, James

Como viver melhor em tempos turbulentos: Os 7 pontos-chaves do autoconhecimento / James Allen; traduzido por Silvia Maria Moreira. - Jandira, SP : Principis, 2021.
96 p. ; 15,50cm x 22,60cm. (Segredos da mente milionária)

Título original: Above lifes turmoil
ISBN: 978-65-5552-573-1

1. Autoajuda. 2. Autoconhecimento. 3. Ansiedade. 4. Transformação. 5. Resiliência. I. Moreira, Silvia Maria. II. Título.

2021-0043

CDD 158.1
CDU 159.92

Elaborado por Lucio Feitosa - CRB-8/8803

Índice para catálogo sistemático:
1. Autoajuda : 158.1
2. Autoajuda : 159.92

1ª edição em 2021
www.cirandacultural.com.br
Todos os direitos reservados.
Nenhuma parte desta publicação pode ser reproduzida, arquivada em sistema de busca ou transmitida por qualquer meio, seja ele eletrônico, fotocópia, gravação ou outros, sem prévia autorização do detentor dos direitos, e não pode circular encadernada ou encapada de maneira distinta daquela em que foi publicada, ou sem que as mesmas condições sejam impostas aos compradores subsequentes.

Sumário

Prefácio 7

A verdadeira felicidade 9
O homem imortal 13
A autossuperação.. 17
O uso da tentação 21
O homem íntegro 27
Discernimento 31
Fé, a base da ação... 35
A fé que salva 41
Ação e pensamento 43
A postura mental 47
Semear e colher 51
O reino da lei 55
A justiça suprema 59
O uso da razão 63
Autodisciplina 67
Resolução... 73
A conquista gloriosa... 77
Contentamento na ação... 81
O templo da fraternidade 85
Agradáveis campos de paz 91

Prefácio

Não podemos modificar as coisas ao nosso redor nem moldar as pessoas de acordo com o que consideramos correto, muito devemos adequar o mundo à nossa vontade. Contudo, está ao nosso alcance mudar nossos desejos, nossas paixões e nossos pensamentos, aperfeiçoar nossas preferências por outras pessoas e, acima de tudo, talhar nossa mente com sabedoria e, assim, reconciliá-la com o mundo exterior.

Não podemos evitar a turbulência do mundo, mas podemos superar as perturbações da mente. Os deveres e as dificuldades da vida clamam por nossa atenção, porém é possível vencer toda a ansiedade que esses deveres e dificuldades geram em nós.

Apesar de todo o ruído que nos cerca, podemos manter a mente serena e o coração tranquilo, mesmo sobrecarregado de responsabilidades, e somos capazes de estar em paz em meio ao conflito.

James Allen

A verdadeira felicidade

O maior objetivo da nossa vida, especialmente daqueles que desejam minimizar a miséria do mundo, deveria ser moldado por condições abençoadas e de tamanha beleza de caráter a fim de manter uma disposição terna e imutável, ter apenas pensamentos puros e gentis, e ser feliz em todas as circunstâncias. Se não for possível suplantar a indelicadeza, a impureza e a infelicidade, nos iludiremos, caso se imagine que se pode tornar o mundo mais feliz divulgando quaisquer teorias ou teologia. Aquele que vivencia diariamente a crueldade, a mágoa ou a tristeza aos poucos contribui para a miséria do mundo; ao contrário, aquele que está sempre de boa vontade e que vive em plena alegria aumentará sensivelmente a felicidade do mundo nessa mesma proporção, independentemente se tiver ou não uma religião.

Aquele que não aprendeu a ser gentil, caridoso, amoroso e feliz assimilou muito pouco de suas leituras e, por mais que conheça os preceitos bíblicos básicos, ainda está no caminho do aprendizado das duras, profundas e reais lições de vida. Aquele que mantém a ternura diante de todas as adversidades da vida mostra de forma incontestável a pureza de sua alma, demonstra sua sabedoria e prova conhecer a Verdade.

Uma alma doce e feliz é fruto amadurecido da experiência e da sabedoria, exala o aroma de sua influência, alegrando os corações e purificando o mundo. E aqueles que ainda não atingiram esse patamar podem começar a mudar *hoje* mesmo, se assim decidirem, para viver de forma tranquila e feliz a verdadeira dignidade do homem e da mulher.

Não diga que o mundo está contra você, pois isso *jamais* será verdade. Ao contrário, tudo ao seu redor está aí para ajudá-lo. Saiba que o externo, que o faz perder a paz de espírito e a ternura, também auxilia no desenvolvimento. E somente superando os obstáculos se aprende, se cresce e se amadurece.

O problema está em nós mesmos. O altruísmo e a pureza da nossa alma estará em estado de direito, feliz e saudável, para nos oferecer a paz, quando quisermos vivê-la.

Tenha sempre boa vontade com tudo ao seu redor.
Deixe a maldade, a ganância e a ira morrerem.
Assim, a vida passará como uma brisa suave.

Se for difícil entender isso, então a infelicidade e a inquietude continuarão a habitá-lo. Suas crenças, aspirações e determinações facilitam a realização abençoada de seus objetivos.

Aqueles que sofrem com desânimo, irritabilidade, ansiedade, que reclamam e que condenam, padecem de uma série de pensamentos corrosivos, doenças mentais e devem tratar sua conduta e sua maneira de pensar. De fato, há muitos pecados e miséria nesse mundo, por isso todo o nosso amor e compaixão são necessários, exceto nosso sofrimento, já que a atmosfera ao nosso redor está sobrecarregada de muita tristeza. A alegria e a felicidade são cruciais, pois são raras. O melhor que se pode oferecer ao mundo é a beleza da vida e o caráter, que anulam todo o restante, é a sublime excelência, um conceito duradouro, real e indestrutível que inclui toda a alegria e bem-aventurança, a suprema felicidade.

Não seja pessimista com os erros alheios. Deixe de reclamar e dê início a uma vida liberta de todos os males – inclusive os seus. O caminho da verdadeira modificação é a paz de espírito e a fé. Devemos começar por nós mesmos, sem esperar a sinceridade e a felicidade dos outros, e que eles nos livrem de toda miséria e dificuldade. A felicidade e a sinceridade devem brotar em nós, a miséria e os pecados do mundo precisam ser banidos sem esperar uma iniciativa alheia. Temos o poder de modificar tudo se nos transformarmos primeiro.

Não lamente, não chore.
Não desperdice energia lutando contra o mal.
Entoe cânticos de louvor, diga amém,
Glorifique a beleza do bem!

Assim que assimilarmos o bem, o restante virá de maneira natural, espontaneamente.

O homem imortal

A imortalidade é o aqui e o agora, e não uma especulação do além. É um estado no qual em sã consciência se percebe que as sensações do corpo, as variadas inquietações da mente, as circunstâncias e os eventos da vida são fugazes e, portanto, ilusórios.

A imortalidade independe da esfera do tempo, ela pertence à eternidade; e a eternidade pode ser o aqui e o agora. E como seres humanos, podemos ir ao encontro dessa eternidade e nos estabelecer nela ao superar o *self* que deriva sua vida da insatisfação e volatilidade da temporalidade.

Ao permanecermos imersos em sensações, desejos e fatos passageiros do dia a dia, como se fossem nossa essência, torna-se difícil compreender a imortalidade; e, assim, o que desejamos é a *persistência*, ou seja, a teimosia em continuar com uma sequência de sensações e acontecimentos temporários, e isso acaba se confundindo com a imortalidade. Quem se apega àquilo que o estimula e proporciona satisfação imediata e não ao que está acima disso, não pretende mudar, rejeita a ideia de que em algum momento terá que se apartar dos luxos e dos prazeres mundanos dos quais se tornou escravo por considerá-los inseparáveis de si mesmo.

A persistência é a antítese da imortalidade; ela será absorvida pela morte do espírito. Sua natureza é mutável e impermanente. Seria como viver e morrer continuamente.

A morte do corpo humano não significa obter a imortalidade. Assim como o homem, o espírito tem pouca consciência, pois está imerso na mudança e na mortalidade. O homem mortal que insiste em se apegar aos prazeres permanece nessa condição depois de sua morte e só vive outra vida com começo e fim, sem a memória do passado ou conhecimento do futuro.

O homem imortal é aquele que conseguiu se desapegar de coisas temporárias e se elevou a um estado de consciência invariável, não se afetando por acontecimentos e sensações transitórias. O mortal é aquele que se concentra e se deixa levar pelo prosseguimento mutável das coisas e, por isso, não tem noção do que passou e do que virá. O imortal se distanciou desse curso de eventos para observá-los, imóvel, enxergando o passado, o presente e o futuro dessa continuidade chamada vida. Como ele já não se identifica com as sensações e a volubilidade de personalidade ou com as mudanças externas que pontuam o tempo na vida, ele se torna um espectador impassível do destino dos mortais e do futuro das nações. Além disso, ele permanece em um estado de constante sonolência, pois não tem discernimento para saber quando estava ou estará totalmente alerta novamente; ele é um sonhador inconsciente, nada além disso. Pois o imortal já acordou desse sonho e sabe que esse sonho não reflete a realidade duradoura, mas apenas uma ilusão passageira. Ele é um conhecedor das circunstâncias da persistência da imortalidade e tem total domínio de si mesmo.

O homem mortal tem a lucidez das noções de tempo e lugar, de começo e fim; o imortal reside em um plano cósmico ou celeste, onde não existe finitude, mas a eternidade do agora. Ele permanece equilibrado e firme em todas as mudanças, a morte de seu corpo jamais apagará a eterna consciência que o habita. Pode-se afirmar que esse indivíduo "nunca sentirá o sabor da morte", pois saiu do percurso da mortalidade e se estabeleceu na morada da Verdade. Corpos físicos, personalidades, nações e realidades distintas são efêmeras, mas a Verdade permanece límpida sem que o tempo turve sua glória. Por consequência, o homem imortal se autoconquistou e não se identifica mais com as forças egoicas de suas características, ele as canalizou com maestria, harmonizando-as com as energias fortuitas e a fonte de todas as coisas. A inquietação e o fervor da vida cessaram, a dúvida e o medo foram extintos, e a morte não existe para quem percebeu o esplendor esmaecido da vida ao ajustar seu coração e a mente à realidade eterna e imutável.

A autossuperação

Costuma-se fazer muita confusão quanto aos conceitos de "autossuperação", "extirpação do desejo" e "extinção da personalidade". Alguns (especialmente os intelectuais propensos a teorias) consideram essa concepção uma abstração metafísica totalmente fora da existência real e da conduta, enquanto outros pensam se tratar da opressão de toda uma vida – energia e ação –, uma tentativa de idealizar a estagnação e a morte. Esses enganos e equívocos que surgem na mente das pessoas só podem ser abstraídos por elas mesmas, e talvez seja mais fácil (para aquelas que procuram a Verdade) se a ideia for apresentada de um modo diferente.

O segredo da superação ou anulação do eu é a simplicidade e, na verdade, é muito fácil e prático, compreensível até para uma criança de cinco anos, cuja mente ainda não está tão repleta de teorias, tecnologias e filosofias especulativas. Já os adultos continuam a adotar teorias complicadas, esquecendo-se da beleza e da clareza das verdades.

A superação consiste em eliminar e destruir todos os elementos da alma que conduzem à divisão, à contenda, ao sofrimento, à doença e à tristeza, o que não significa extirpar nem uma qualidade boa, bela e propagadora de paz. Por exemplo, nós anulamos nossa natureza ao superar a tendência de sermos egoístas e, em vez de ficarmos bravos ou irritados, agirmos com amor e paciência. Toda pessoa nobre pratica um pouco dessa filosofia, embora não admita em palavras mas persiste no treinamento e erradica o egoísmo a ponto de deixar apenas as qualidades divinamente belas; pode-se, então, dizer que ela alterou sua natureza (todos os elementos pessoais) e atingiu a Verdade. O "eu" que se deve eliminar em nós compõe-se de dez elementos, que são inúteis e que causam muita tristeza. São eles:

- luxúria;
- ódio;
- avareza;
- autoindulgência;
- egoísmo;
- vaidade;
- orgulho;
- dúvida;
- crenças obscuras;
- ilusão.

É preciso abandonar essa lista, pois esses elementos contribuem para a formação do desejo. Ao mesmo tempo, isso também ensina a cultivar, a praticar e a perseverar em outras dez qualidades divinas. São elas:

- pureza;
- paciência;
- humildade;
- sacrifício;
- autoconfiança;
- coragem;
- sabedoria;
- conhecimento;
- compaixão;
- amor.

Essas são características próprias da Verdade. Para incorporá-las, não devemos esquecê-las, é preciso praticá-las. A combinação dessas dez qualidades é denominada Eu Verdadeiro ou Personalidade, que geram o conhecimento da Verdade Impessoal, atributos do homem real e imortal.

Essas qualidades grandiosas e verdadeiras, quando assimiladas, não destroem alguém nobre, mas destroem coisas desprezíveis, falsas e passageiras. Esse estágio de superação não sugere a privação da alegria, da felicidade e do prazer, ao contrário: é a garantia de uma vida de constante contentamento. Revela o abandono da luxúria, não da alegria propriamente dita; é a destruição da *sede* pelo prazer, não do deleite, ou seja, é a anulação do *desejo egoísta* de amor, de poder e de posses. Sua preservação atrai e unifica os homens, está longe de ter uma relação com a estagnação e a morte, e incita todos a praticá-las, induzindo a tomar atitudes mais elevadas, efetivas e duradouras. Aquele que baseia suas atividades diárias nos dez primeiros elementos despende sua energia de forma negativa e não resguarda a alma. No entanto, quem incorpora as dez qualidades relativas à Verdade vive com sabedoria e tem a Verdade como companheira, preservando sua alma.

O indivíduo que vive de acordo com os dez elementos mundanos, permanecendo surdo e mudo para as verdades espirituais, não se interessa por se disciplinar para a autorredenção, pois tem a ideia de que irá se anular. Ao contrário, aquele que se empenha em empregar as qualidades divinas em sua vida encontrará a glória e a beleza dessa doutrina e acreditará ser este o alicerce da Vida Eterna. Este verá também que, pela compreensão e pela prática desses elementos, a indústria, o comércio, o governo e todas as atividades mundiais vão se purificar, otimizando então seu comportamento, seu propósito e sua inteligência, e, em vez de destruí-los, eles se intensificarão, livrando-se das contendas e da dor.

O uso da tentação

Em sua jornada rumo à perfeição, a alma passa por três estágios distintos.

O primeiro é o estágio *animal*, quando o homem se contenta em apenas viver para gratificar seus sentidos, sem conhecer o pecado ou sua herança divina, inconsciente de suas possibilidades espirituais. O segundo é o *dual*, quando a mente já possui consciência das tendências animais e divinas, sempre oscilando entre ambas. É nessa fase que a tentação desempenha seu papel no desenvolvimento da alma; ocorre uma luta contínua de queda e ascensão, de pecado e arrependimento, quando o indivíduo reluta em deixar as satisfações pelas quais viveu por tanto tempo, mas ainda aspira pela pureza e pela dignidade do estado espiritual, sempre mortificado pela indecisão no momento da escolha. Impulsionado pela vida divina que o habita, o homem sofre a mais profunda agonia nessa fase.

Sua alma, então, entra no terceiro estágio, do *conhecimento*, quando ele se eleva acima do pecado e da tentação, encontrando a paz.

A maioria das pessoas supõe que a tentação e o pecado sejam elementos duradouros, mas não são. Pecado e tentação são questões passageiras e configuram uma experiência pela qual a alma tem que passar; contudo, para superá-los é preciso estar ciente de que a santidade e o descanso do presente dependem apenas dos esforços intelectuais e espirituais empenhados na busca pela Verdade. A tentação e toda a angústia que a acompanha podem ser superadas aqui e agora, com base no conhecimento. É uma condição de semiescuridão ou de total escuridão. A alma totalmente iluminada prova contra toda tentação.

No momento em que se compreende a fonte e o significado da tentação, é possível subjugá-la e alcançar o descanso merecido depois do longo esforço. No entanto, enquanto persistirem as trevas, nem os preceitos religiosos, muitas orações e leitura da *Bíblia* podem trazer a paz. Para vencer o inimigo é preciso conhecer sua força, suas táticas e suas armadilhas, caso contrário, a derrota é inevitável. Será vitorioso nessa batalha aquele que divisar a fortaleza e o esconderijo do adversário, identificando suas possíveis áreas desprotegidas com o objetivo de entrar sem dificuldade em seus domínios. Para tanto, é necessário meditar continuamente, fazer vigília incessante e introspecção séria e constante, que irão revelar ao espírito os motivos enganosos e egoístas da alma.

Esta é a guerra sagrada, uma luta de todas as almas que despertaram do longo sono de indulgência animal. Não é simples superar a tentação e essa guerra pode se prolongar indefinidamente, pois, invariavelmente ela se baseia em duas ilusões: a suposição de que as tentações se originam no exterior e a crença de que elas surgem da bondade. Enquanto permanecermos escravos desses dois desvarios, não haverá progresso. No entanto, assim que nos livrarmos desses dois pressupostos, só colecionaremos vitórias, provaremos o sabor da alegria espiritual e teremos o descanso merecido.

Assim, duas verdades devem dar lugar a essas ilusões: todas as tentações se originam em nosso interior; e somos tentados pelo mal que temos em nós. A ideia equivocada de que Deus, o diabo, os maus espíritos ou os aspectos exteriores sejam a fonte das tentações deve ser abandonada. A origem e a causa de todas as tentações residem no desejo interior de cada um de nós e, uma vez purificado ou eliminado esse desejo, neutralizamos o que leva a alma a pecar ou a cair em tentação. Os aspectos exteriores são meras oportunidades para a tentação, jamais sua causa; esse é o desejo de quem *se deixou* seduzir.

Se a causa das tentações fosse externa, todos estaríamos igualmente sujeitos a elas e jamais as superaríamos; estaríamos irremediavelmente condenados a uma infindável angústia. No entanto, ao dominar e purificar os desejos, a cura estará em nossas mãos e podemos, assim, superar todas as tentações. Na verdade, caímos em tentação porque temos certos desejos ou estados mentais que consideramos profanos.

Um desejo pode se manter adormecido por muito tempo; acreditamos, de fato, que nos livramos desse desejo, mas ele está lá, inerte. De repente, alguma motivação externa o desperta, sedenta por uma satisfação imediata, e essa é a oportunidade perfeita para a tentação. O que existe de bom em um indivíduo nunca é seduzido, pois as coisas boas dentro dele destroem a tentação; no entanto, o que há de ruim em uma pessoa incita as tentações.

A intensidade das tentações de um homem constitui o registro preciso do grau de sua impiedade. Quando o coração se purifica se dilui a tentação, pois a cobiça cai por terra, e o objeto de desejo deixa de ser algo interessante e se esvazia e se torna impotente, uma vez que o coração não reage mais a esse objeto. Aquele que é honesto não se vê tentado a roubar, por exemplo, mesmo que a ocasião seja oportuna. Seu apetite não se rende à gula e à embriaguez, apesar de as carnes e os vinhos serem os mais saborosos e estarem à mão. A pessoa de compreensão esclarecedora, cuja mente se acalma pela força de suas virtudes, jamais cederá à tentação da vingança, da raiva ou da irritação; as artimanhas e os encantos da lascívia recairão sobre o coração como sombras esvaziadas e sem significado.

A tentação mostra ao homem exatamente onde ele é ignorante e pecador, e isso é um meio que o impulsiona a ter um comportamento mais elevado em busca do conhecimento e da pureza. Sem as tentações, a alma não cresceria fortalecida, não existiriam sabedoria nem virtude verdadeiras e, mesmo que houvesse letargia e morte, seria impossível haver paz e plenitude de vida. Uma vez compreendida e vencida a tentação, se alcançará a perfeição, o que é possível a qualquer um que estiver disposto a afastar todo desejo egoísta e impuro e sacrificá-lo no fogo do conhecimento. Que os homens sigam a busca diligente pela Verdade, conscientes de que enquanto cederem às tentações dificilmente conseguirão compreendê-la e terão pela frente um longo aprendizado.

Vós que sois tentados, sabeis, então, que sois tentados por vós mesmos. "Todo homem cai em tentação quando afastado dos próprios desejos", diz o apóstolo Thiago. Aquele que cai em tentação está preso ao animal que o habita e resiste em deixá-lo partir, porque vive de acordo com o falso eu mortal, sempre desprovido de qualquer conhecimento verdadeiro; nada sabendo, nada buscando além da satisfação imediata, ignorando a Verdade e todos os Princípios divinos. Ao nos apegarmos a essa condição, sofremos as dores de três martírios: do desejo, da saciedade e do remorso.

Assim flama Trishna, a luxúria e a sede pelas coisas.
Ansiosos nos apegamos às sombras, adoramos os sonhos;
Um falso eu entre nós semeia e faz
O mundo ao redor à sua semelhança;

*Cego para a imensidão do firmamento, surdo para o som
Dos doces ares existentes muito além do céu de Indra;
Mudo para responder ao chamamento da vida verdadeira,
Já que apenas se deixa levar,
Então crescem os conflitos e as luxúrias causadores da guerra na Terra,
Que entristecem os pobres corações enganados e provocam torrentes de lágrimas salgadas;
Incrementam paixões, invejas, raivas e ódios;
E assim atravessará os anos manchados de sangue
Com pés vermelhos selvagens.*

A semente de todo o sofrimento se encontra nesse falso eu, a mácula de toda a esperança e a matéria-prima da dor. Depois de nos rendermos a nós mesmos, desnudos de todo egoísmo, impureza, ignorância e com as trevas expostas, alcançaremos o pleno autoconhecimento, autodomínio e a consciência do deus que existe em nós, essa natureza divina que não almeja gratificação; então, encontraremos a alegria e a paz eternas, sem sofrimento, e não haverá mais lugar para a tentação. Cada vez mais convictos dessa Divindade interna, chegará o dia em que poderemos dizer que estamos na companhia d'Ele que, adorado por milhões, mas compreendido e seguido por poucos. "O Príncipe desse mundo está a caminho, mas ele não tem nada em mim."

O homem íntegro

Há momentos na vida dos homens em que a fé e o conhecimento de seus elevados princípios morais são testados ao extremo. Assim, o modo que escolhem para vencer essa prova vai decidir se sua força será suficiente para viver na Verdade e, assim, terão de optar entre se unir aos que são livres ou permanecer escravizados ao cruel e mercenário eu.

Normalmente, a tentação se aproveita dessa fase de provação, apresentando elementos equivocados em prol do conforto e da prosperidade; no entanto, é opção de cada um defender o que é certo e aceitar a pobreza e o fracasso. A provação é tamanha que deixa a impressão para aquele que é tentado de que se escolher o que é errado, terá garantido sucesso material para o restante da vida, enquanto que se fizer o que é correto, estará arruinado para sempre.

Invariavelmente vacilamos, cedemos e nos desviamos da perspectiva do Caminho da Retidão; mas se formos fortes para resistir às tentações, nosso sedutor interior, o espírito do eu, aceitará a mão do Anjo de Luz que sussurrará: "Pense em sua mulher e em seus filhos, lembre-se daqueles que dependem de você. Será que sua intenção é mesmo levá-los à fome e à desgraça?".

Forte e puro é aquele que triunfa diante de provação e, assim, ingressa no reino superior da vida, onde os olhos espirituais conseguem enxergar a verdadeira beleza. A pobreza e a ruína, que pareciam inevitáveis, desaparecem, e o que persiste é o sucesso, a paz no coração e a tranquilidade da consciência. Contudo, se falharmos e não alcançarmos a prosperidade prometida, a aflição reinará em nosso coração e em nossa mente. O benfeitor não falhará; já o malfeitor não obterá sucesso, pois

> *Assim é a Lei que incita a justiça,*
> *Que, por fim, ninguém pode distorcer ou deter,*

Isso porque a justiça está no coração das coisas, porque a Grande Lei é bondosa e o homem íntegro é superior ao medo, ao fracasso, à pobreza, à vergonha e à desgraça. E o poeta continua:

> *Seu coração é o amor; seu fim,*
> *A Paz e a doce consumação. Obedece.*[1]

Aquele que teme perder os prazeres ou os confortos materiais nega sua Verdade e pode se ferir, ser roubado, degradado, pisoteado por ter sido o primeiro a prejudicar seu eu mais nobre. O que não acontece com o homem de virtudes inabaláveis e integridade imaculada, pois este renegou seu eu covarde e se refugiou na Verdade. Não são os grilhões e as correntes que escravizam o homem, pois ele já *é* um escravo.

---

[1] Retirado do livro *A luz da Ásia*, de Edwin Arnold, 1879. (N.A.)

As calúnias, acusações e maldades não afetam aquele que é correto, e não há necessidade de se defender e de provar sua inocência, pois a inocência e a integridade são suficientes para responder a qualquer tentativa odiosa. Elas nunca serão subjugadas pelas forças das trevas, pois já as venceram internamente. A inocência e a integridade têm o poder de transformar o que é ruim em algo bom – levando luz às trevas, iluminando o ódio com amor, a desonra com a integridade, e as calúnias, invejas e deturpações servem apenas para intensificar o brilho precioso da Verdade interior e para glorificar seu elevado e santo destino.

Que o homem íntegro descanse feliz quando estiver esgotado, que agradeça as oportunidades que lhe foram oferecidas, para que possa provar sua lealdade aos princípios nobres com os quais se comprometeu para a vida toda. Deixe-o pensar: "Este é o momento da oportunidade sagrada! Hoje é o dia do triunfo da Verdade! Mesmo que eu perca o mundo todo, jamais renunciarei à retidão!" Assim, ele pagará o mal com o bem, e terá compaixão pelo malfeitor.

O caluniador, o malfeitor, pode obter sucesso temporário, mas a Lei da Justiça sempre prevalecerá. Por um período, o homem íntegro pode causar a falsa impressão de que é falível, mas esse homem é invencível e não existe em nenhum dos mundos, visível ou não, arma forjada capaz de derrotá-lo.

Discernimento

A qualidade imprescindível ao desenvolvimento espiritual é o discernimento. O progresso do homem será dolorosamente lento e incerto enquanto ele não enxergar dessa maneira, pois desprovido da qualidade de pesquisa ou teste, ele apenas tateará no escuro, incapaz de distinguir o real do irreal, a sombra da substância, confundindo, assim, o falso e o verdadeiro, a ponto de embaralhar os impulsos de sua natureza animal com aqueles do espírito da Verdade.

Se um cego for deixado em um lugar estranho para ele, andará titubeante, mas encontrará o caminho sem dificuldades, sem quedas ou ferimentos dolorosos. Aquele desprovido de discernimento está mentalmente cego, tropeça constantemente no escuro, onde o vício e a virtude se misturam, fatos se embaralham com verdades, e opiniões, com princípios e ideias. Eventos, homens e coisas não parecem ter nenhuma relação uns com os outros. A mente e a vida de um homem precisam estar livres dessa desordem. Ele deve estar preparado para enfrentar todas as dificuldades mentais, materiais e espirituais, e não pode se deixar emaranhar nas teias da dúvida, da indecisão e da incerteza quando os problemas e os infortúnios surgirem. Deve estar fortalecido para as emergências da vida; contudo, o discernimento é fundamental para elevar o nível da forma e da força a serem desenvolvidos com exercícios constantes da capacidade analítica.

Assim como os músculos, a mente se desenvolve com o uso contínuo e com exercícios frequentes que promovem aptidões e força. A capacidade meramente crítica evolui e se fortalece mediante a comparação e a análise contínua das ideias e das opiniões alheias. No entanto, o discernimento é algo bem maior e profundo, pois constitui uma qualidade espiritual indiferente à crueldade e ao egoísmo, e, frequentemente, vem acompanhado da crítica, além de conferir a todos a virtude de enxergar as coisas como são, e não como gostariam que fossem. É possível cultivar essa qualidade por meio de questionamentos, exames e análise de nossas próprias ideias, opiniões e condutas. Antes de ser tão severo ao julgar e ao encontrar defeitos nos outros, deve-se aplicar a mesma crítica impiedosa a si mesmo. Estar dispostos a questionar as próprias opiniões, pensamentos e conduta, e exercitá-las com rigor e lógica, só assim podemos ser juízes de valores e ordenar os pensamentos. Porém, antes de mais nada, deve-se preparar a mente para o aprendizado, o que não significa se deixar conduzir pelos outros, mas sim abandonar qualquer pensamento complacente ao qual se está apegado por não suportar a penetrante luz da razão ou se angustiar ante as chamas puras das aspirações de busca.

Ao clamarmos: "Estou certo!", e nos recusarmos a questionar determinada posição para nos certificarmos de que temos mesmo razão, continuaremos sendo parciais e agindo conforme as paixões, sem chegar ao discernimento. Mas caso perguntemos humildemente: "Eu tenho razão?", e começarmos a testar e a provar nosso posicionamento com pensamentos sérios baseados no nosso amor à Verdade, não teremos dificuldades para encontrar a resposta correta, pois vamos distinguir o verdadeiro do falso. Assim, seremos "donos" de um discernimento inestimável.

Aquele que teme refletir sobre o que pensa e sobre sua postura crítica precisa antes desenvolver coragem moral a fim de discernir sobre os fatos. É necessário ser verdadeiro e destemido antes de entender os Princípios Puros da Verdade e receber a Luz da Verdade que tudo revela. O brilho da Verdade será mais intenso na medida em que for questionado, e não será ofuscado pelo autoexame e pela análise.

Quanto mais um erro for inquirido, maior ele parecerá, já que não sobrevive ao pensamento puro e investigativo. "Provar todas as coisas" é encontrar o bem e descartar o mal. Ao racionalizar e meditar, aprende-se a discriminar e, consequentemente, descobre-se o que é eternamente verdadeiro. Aquele que não reflete padecerá na desordem, no sofrimento e nas trevas espirituais, pois a harmonia e a bem-aventurança acompanham os mais atentos.

A paixão e o preconceito são cegos e discriminatórios: ainda permanecem crucificando Cristo e libertando Barrabás.

Fé, a base da ação

A fé é uma palavra importante que aparece nos ensinamentos dos sábios e figura em todas as religiões. De acordo com Jesus, é preciso ter um pouco de fé para obter a salvação ou regeneração. Buda foi enfático ao ensinar que a fé certa é o primeiro passo e o mais importante no Caminho da Verdade, pois sem ela não há retidão de conduta. Aquele que não aprendeu a se controlar e a se conduzir com retidão, ainda não compreendeu os rudimentos mais simples da Verdade.

De acordo com os Grandes Mestres, a fé não consiste em acreditar numa crença específica, numa filosofia ou religião, mas sim em *elevar a mente para determinar toda a trajetória da vida de alguém*. Portanto, fé e conduta são inseparáveis, uma determina a outra.

A fé é a base de todas as ações, e a vida se encarrega de demonstrá-la ao dominar corações ou mentes. Todo homem age, pensa e vive de acordo com a fé enraizada em seu ser mais profundo, e assim, as leis matemáticas que governam a mente são tão precisas que impossibilitam acreditar em duas condições opostas ao mesmo tempo. Por exemplo, é impossível crer ao mesmo tempo na justiça e na injustiça, no ódio e no amor, na paz e na contenda, no eu e na verdade. Aquele que acredita em um desses opostos – *nunca em ambos* –, em sua conduta cotidiana, indica a natureza de sua fé.

Quem que crê na justiça, considerando-a como o Princípio eterno e indestrutível, nunca transborda de indignação justa, não enxerga as desigualdades da vida com ceticismo e pessimismo, atravessando calmo e tranquilo todas as provações e dificuldades. Não consegue agir diferente porque acredita que a justiça é soberana, chama de injusto tudo o que é fugaz e ilusório. Ao nos enfurecermos se outros forem arbitrários, reclamando que fomos maltratados ou lamentando a falta de justiça do mundo ao redor, nossa conduta e atitude demonstrarão que acreditamos na iniquidade. Mesmo que protestemos em contrário, cremos no fundo do coração que a desordem e o caos dominam o universo e, assim, viveremos atormentados e inquietos, e acabaremos nos conduzindo no mundo de modo errado. Repetindo, ao acreditar na estabilidade e na força do amor, *praticaremos em todas as circunstâncias,* nunca nos desviando, e agiremos amorosamente do mesmo modo com amigos e inimigos.

As atitudes daqueles que caluniam e condenam, falam mal dos outros, encaram-nos com desprezo, não acreditam no amor, mas sim no ódio, falam por si só, mesmo quando eles elogiam o amor por escrito ou verbalmente não parece verdadeiro.

Ao acreditar na paz, teremos uma conduta tranquila, desse modo é impossível entrar em alguma contenda. Se atacarmos, não retaliaremos, pois conhecemos a majestade do anjo da paz e não homenagearemos o demônio da discórdia. Aquele que provoca conflitos, ama discussões, se apressa em se defender de toda e qualquer provocação; esse acredita na desavença e está muito distante da paz. Por sua vez, quem acredita na Verdade renuncia a si mesmo – ou seja, recusa que o centro de sua vida sejam as paixões e os desejos, anseia apenas por gratificação e passa a se concentrar na Verdade, iniciando uma vida sábia, bela e livre da culpa.

O fiel a si mesmo é reconhecido por sua misericórdia, seu contentamento e seu orgulho no dia a dia, mas também pelas decepções, tristezas e angústias que sofre continuamente. Mas há uma diferença: quem acredita na Verdade não sofre, pois desistiu do eu que causa o sofrimento, confia nos Princípios permanentes e eternos que regulam a vida humana em harmonia, já que negá-los resultaria em caos absoluto.

A crença nos Princípios divinos de Justiça, Compaixão e Amor é *a fé da retidão*, descrita por Buda como *ação correta*, e a *fé na salvação*, como enfatizado nas Escrituras Cristãs, pois aquele que tem fé faz desses Princípios seu esteio para purificar o coração e aperfeiçoar a vida. Chamamos de ceticismo religioso a negação desses Princípios divinos, manifestado em uma vida pecaminosa, perturbada e imperfeita.

A vida conforme a fé na retidão será perfeita e sem culpa, já a falsa fé dá lugar ao pecado, ao sofrimento, à aflição e à inquietação. A mente e a vida não serão conduzidas de modo apropriado. "Vocês os reconhecerão pelos frutos que produzirem."

Fala-se muito de "fé em Jesus", mas o que isso quer dizer? Significa crer nas palavras d'Ele, nos Princípios que Ele enunciou – e de acordo com os quais Ele viveu uma vida exemplar de perfeição.

Aquele que diz ter fé em Jesus, mas que tem, na verdade, uma vida de luxúria e de remissão – ou um espírito repleto de ódio e condenação –, engana a si mesmo. Este não crê em Jesus, mas em seu eu animal. Um servo da fé, que cumpre com prazer as ordens e os mandamentos de seu Mestre, está salvo do pecado. A prova suprema de fé em Jesus é responder com sinceridade a esta pergunta: "Eu tenho seguido os mandamentos de Jesus?" O teste foi aplicado a São João com as seguintes palavras: "Aquele que diz: 'Eu O conheço', mas não obedece aos Seus mandamentos, é mentiroso, e a verdade não está nele. Mas, aquele que obedece à sua palavra, nele verdadeiramente o amor de Deus está aperfeiçoado. Desse modo, sabemos que estamos Nele".

Após uma análise criteriosa e imparcial, descobre-se que a *fé* está na raiz da conduta humana, em todos os pensamentos, ações, hábitos; a fé é o resultado direto de uma certa fé única. O comportamento só se altera quando essa fé se modifica. Nós incorporamos e praticamos aquilo em que temos fé. Ao deixar de acreditar em algo, não podemos mais nos apegar a ele ou praticá-lo, e nos afastamos daquilo. Os homens se apegam às luxúrias, às mentiras e às vaidades, pois acreditam que essas coisas proporcionam ganho e felicidade. Quando essas pessoas transferirem essa fé para qualidades divinas, como pureza e humildade, elas não serão mais atormentadas por esses pecados.

Quando acreditarmos na supremacia da Verdade, então estaremos salvos do erro, do pecado pela fé na Santidade ou na Perfeição, salvos do mal pela fé no Bem que se manifesta na vida. A crença teológica de alguém não tem nenhuma importância. Essa pergunta nem precisaria ser feita: qual é sua crença? De que vale acreditar que Jesus morreu por nós, ou que Jesus é Deus, ou que "a fé justifica", se se permite que nossa natureza inferior e pecaminosa regule nossa vida? Neste caso, as perguntas pertinentes seriam: "Como vive um homem?"; "Como ele se comporta em circunstâncias difíceis?". A resposta a elas revelará a convicção no poder do Mal ou do Bem.

    Aquele que admite o poder do Bem, tem uma vida boa, espiritual e piedosa, pois o Bem é Deus, isso mesmo, o próprio Deus, e logo todos os pecados e tristezas serão abandonados com a fé inabalável e inflexível de quem crê no Bem Supremo.

A fé que salva

Dizem que a vida e o caráter de um homem resultam de sua *fé*, e que essa *fé* não está relacionada a sua vida. Essas *duas frases* são verdadeiras. Mas a contradição em ter ambas são aparentes, e desaparecem se lembrarmos que existem *dois* tipos de fé *totalmente distintos*: a fé da mente e a do coração.

A crença da mente, ou intelectual, não é fundamental e motivadora, mas superficial, deduzida e não tem o poder de moldar o caráter de alguém; qualquer observador a distinguirá com facilidade. Tome como exemplo alguns homens que têm determinado credo. Eles não apenas mantêm a mesma crença teológica, mas também confessam a mesma fé, cada um em seu particular, e, ainda assim, a postura de cada um deles é totalmente diferente. Um, por exemplo, será nobre, o outro, desprezível; um será calmo e gentil, o outro, rude e irascível; um honesto, o outro, desonesto, um cede a certos hábitos, ao mesmo tempo que outro os repudiará com veemência, e assim por diante. Isso indica claramente que a crença teológica não é um fator influente na vida de alguém, mas constitui apenas uma opinião intelectual ou a visão do universo. A fé está além de Deus, além da Bíblia, das crenças, etc., está enraizada no eu mais profundo, oculta, silenciosa, *a fé secreta do coração*, e é essa fé que molda e dita a vida de uma pessoa. Ela faz com que esses homens exemplificados anteriormente, embora compartilhando do mesmo credo, ajam de modos tão distintos – *pois discordam na fé vital do coração*.

Mas, então, o que vem a ser essa fé do coração? *É aquela que o homem ama, à qual ele se apega e abriga em sua alma*, e por isso a nutre em seu coração por convicção, amando-a e praticando-a, assim a vida refletirá sua fé, independentemente de qualquer credo específico de sua crença intelectual. Aquele que adere ao que é impuro e imoral confia nessas coisas; ao contrário, os que as rejeitam, se desprendem delas. Não há dúvida de que o sacerdote e o levita, ao passarem pelos feridos e indefesos, estavam imbuídos nas doutrinas teológicas de seus pais – a crença intelectual –, mas o coração deles não acreditava na misericórdia e, por isso, viviam e agiam conforme a doutrina na qual acreditavam. O bom samaritano, tendo ou não crenças teológicas – nem é necessário que as tenha –, acredita de coração na misericórdia, e age de acordo com o que acredita.

A rigor, existem apenas duas fés que afetam fundamentalmente a vida, a saber, a *fé no bem* e a *fé no mal*. Aquele que acredita no que é puro e é bom, irá amá-las e vivenciá-las; aquele que acredita no que é impuro e egoísta, irá amá-las e se apegará a elas. A árvore se conhece pelos frutos.

A fé em Deus, em Jesus e na Bíblia difere de nossas ações na vida, assim, qualquer crença teológica é irrelevante. Contudo, os pensamentos que nutrimos, as atitudes e posturas mentais que temos para com os outros e para conosco determinam e demonstram exclusivamente se a fé em nosso coração tem foco no falso ou no verdadeiro.

Ação e pensamento

Assim como a fruta está para a árvore, e a água para a fonte, a ação está para o pensamento. Essas não são manifestações súbitas sem causa. Elas são o resultado de um crescimento longo e silencioso, são o final de um processo oculto que há tempos ganha força. O fruto de uma árvore e a água que jorra da pedra são efeitos de uma combinação de processos naturais do ar e da terra, que trabalharam longamente em segredo a fim de produzir tal fenômeno, da mesma forma como as belas ações iluminadas e os atos pecaminosos são efeitos amadurecidos de uma linha de raciocínio há muito tempo ancorada na mente.

A queda repentina de alguém – que acreditava ser firme e era considerado com tal –, por ter cedido à tentação de cometer um pecado grave, deixa de ser *súbita* e sem causa ao ser revelada a linha de pensamento oculta que o levou a tal ação. A *queda* foi mera consequência, resultado do que provavelmente se originou na mente tempos antes. Essa pessoa permitiu e saudou o pensamento errado, que passou por sua mente algumas vezes, e consentiu que habitasse seu coração. Aos poucos, foi se acostumando com a ideia, acariciando-a e nutrindo-a até o ponto de ela adquirir força e acabar atraindo a oportunidade para se transformar em ação. Do mesmo modo como o edifício imponente desmorona porque a água foi aos poucos minando suas fundações, o homem forte que permitiu que pensamentos impuros se insinuassem em sua mente e enfraquecessem seu caráter também cai.

Ao descobrir que todo o pecado e toda a tentação contribuíram para o desfecho natural de seus pensamentos, torna-se claro que a maneira de superar a tentação e o pecado é admitir, nutrir e meditar sobre coisas puras e boas, que, do mesmo modo que aquilo que é impuro irá crescer, o puro irá ganhar força e atrair as circunstâncias que capacitarão a ação.

"Nada há nada oculto que não possa ser revelado." Todo pensamento abrigado na mente deve florescer em atitudes boas ou más, de acordo com a natureza de cada um. O professor divino e o sensualista são produtos de suas próprias ideias e assim se tornaram por terem plantado sementes de pensamentos no coração, regando-as, acalentando-as e cultivando-as. Não se pode vencer o pecado e a tentação digladiando-se com as oportunidades; a superação ocorre somente com a purificação dos pensamentos. Se alguém quiser em seu dia a dia, no silêncio de sua alma e no desempenho de suas tarefas, ultrapassar todas as inclinações ao que é errado, deve substituí-las por pensamentos verdadeiros e resistentes às circunstâncias do mal, abrindo espaço para a oportunidade de fazer o bem, pois só atraímos aquilo que está em harmonia com nossa natureza. A tentação não se aproxima de alguém, a menos que o coração dessa pessoa esteja propenso a reagir.

Cuide bem do que pensa, pois a verdadeira natureza de seus pensamentos secretos de hoje, sejam eles bons ou ruins, cedo ou tarde vão se transformar em ações. Ao manter a guarda incansável dos portais da mente, ocupando-a com pensamentos amorosos, puros e belos, e impedindo a entrada de ideias pecaminosas, os frutos da bondade e da gentileza brotarão em nossas atitudes. Assim, quando chegar, nenhuma tentação nos encontrará desarmados e despreparados.

A postura mental

Como um ser pensante, a atitude mental dominante vai determinar as características de sua vida. Esse será também o mecanismo para obter conhecimento e um meio para atingir suas aspirações. As limitações de sua natureza são as fronteiras dos seus pensamentos; são as "cercas" que se erguem e podem se restringir, expandir ou permanecer imóveis.

Nós somos os pensadores responsáveis por definir quem somos de fato e qual é a nossa condição. O pensamento é causal e criativo, e surge em nosso caráter e em nossa vida na forma de resultados. Nesse sentido, não existem "acidentes" em nossa vida, tanto a harmonia quanto o antagonismo são ecos de nossos pensamentos. A vida sempre revela aquilo que pensamos.

Se nossa atitude mental dominante for pacífica e amável, a felicidade e a bem-aventurança serão nossas companheiras, mas se ela for resistente e odiosa, o caminho será nublado pela angústia e pelos problemas. Da má vontade virá o pesar e o infortúnio, da boa vontade, a cura e a reparação. Pode-se imaginar que as circunstâncias são condições externas, contudo, elas estão intimamente relacionadas aos pensamentos. Nada acontece sem que haja uma causa específica. E tudo o que acontece é justo. Nada está fadado a acontecer, tudo se forma.

Viajamos em nossos pensamentos, atraímos quando amamos. Estamos hoje no lugar em que nossos pensamentos nos trouxeram, e amanhã estaremos no lugar aonde eles nos levarem. Não escapamos das consequências desses nossos pensamentos, mas é possível tolerar e aprender, aceitar e ser feliz. Sempre chegaremos aonde nosso amor (a reflexão mais intensa e duradoura) tiver a chance de ser bem-recebido. Se o amor for vil, o caminho o levará a um lugar indigno, se for o amor for belo, o lugar será belo também. Podemos alterar nossos pensamentos e, assim, haverá o poder de modificar as circunstâncias.

É necessário se esforçar para compreender a vastidão e a grandeza da nossa responsabilidade. Somos poderosos e não indefesos. Esse poder serve tanto para obedecer quanto para desobedecer, para ser puro ou impuro, manter a mente aberta para a sabedoria ou para a ignorância. Temos a opção de aprender o que quisermos, ou podemos optar por ser ignorantes. Se amarmos o conhecimento, não teremos dificuldade em obtê-lo, se amarmos a sabedoria, a asseguraremos, e se amarmos a pureza, conseguiremos alcançá-la. Tudo depende de nossa aceitação e a escolha se faz por meio dos pensamentos que cultivamos. Mas, se alguém permanece ignorante é porque ama ser alheio e prefere os pensamentos leigos. Já o sábio ama a sabedoria e opta por pensamentos condizentes.

É importante reconhecer que a única pessoa que pode colocar obstáculos em nossa vida somos nós mesmos. Ninguém sofre por causa de outra pessoa, mas sofre por si mesmo.

Depois de passarmos pelo nobre Portal do Pensamento Puro, então, chegaremos ao céu, mas se atravessarmos a passagem do pensamento impuro, desceremos ao inferno mais profundo. Nossa atitude mental em relação aos outros certamente recairá sobre nós, manifestando-se em todas as relações de nossa vida. Todo pensamento impuro e egoísta que cultivarmos sobre algo retornará para nós mesmos como sofrimento; os pensamentos puros e altruístas voltarão como bênçãos para nós.

As circunstâncias são *efeitos* de causa interior e invisível. Como genitores dos próprios pensamentos, somos criadores do nosso estado e de nossa condição. Ao concluirmos o autoconhecimento, perceberemos que todos os acontecimentos na vida são pesados na balança infalível da justiça. E, ao compreendermos o funcionamento de nossa mente, deixamos de pensar que somos vítimas impotentes e cegas das circunstâncias e nos tornamos mestres fortes e iluminados.

Semear e colher

No campo, durante a primavera, fazendeiros e jardineiros estão ocupados em semear o solo recém-preparado. Se perguntássemos a alguns deles o que esperam das sementes que plantam, provavelmente eles irão dizer que "não há o que esperar". A eles parece óbvio que a produção virá das sementes que plantaram na terra; se foram sementes de trigo, cevada ou nabo, irão colher exatamente isso.

O sábio entende que todos os fatos e processos da natureza contêm uma lição moral. Não existe nem uma lei na natureza que nos cerca que não opere com a mesma certeza matemática da mente e da vida humana. Todas as parábolas de Jesus ilustram essa verdade e foram retiradas dos fatos simples da natureza. Existe um processo de plantio na mente, a semente espiritual leva à colheita do que foi plantado. Pensamentos, palavras e atos são as sementes que são cultivadas e, pela lei inviolável das coisas, produzem ações de acordo com sua espécie. Aquele que mantém pensamentos de ódio acabará atraindo ódio para si. Mas aquele que cultiva pensamentos ternos será amado. Se nossos pensamentos, as palavras e as ações forem sinceros, seremos cercados de amigos verdadeiros; já aquele que não é sincero terá ao seu redor apenas amigos insinceros. Ao semearmos pensamentos e ações erráticos mas rezarmos para sermos abençoados por Deus, nos igualamos àquele fazendeiro que plantou joio mas ora a Deus para colher trigo.

> *Aquilo que semeias, colherás*
> *Observes os campos longínquos.*
> *O gergelim é gergelim, o milho é milho,*
> *O silêncio e a escuridão sabem*
> *Que o destino do homem está traçado.*
> *"Ele é o ceifeiro das coisas que semeou."*

Quem deseja ser abençoado que espalhe bênçãos. Seja feliz apreciando a felicidade alheia. Mas existe um outro lado dessa semeadura. O fazendeiro espalha as sementes pela terra e as deixa à mercê da natureza. Enquanto amealharmos sementes por cobiça, perderemos tanto o bem quanto a produção, pois elas irão morrer, não que não pereçam quando cultivadas, mas geram uma grande fartura no decorrer do processo. Portanto, na vida, ganhamos doando, e enriquecemos espalhando.

O homem que diz ter conhecimento, mas não pode doá-lo porque o mundo seria incapaz de recebê-lo, ou carece de conhecimento, ou, se tiver, logo este lhe será privado – se já não foi. Acumular é perder, reter a exclusividade é não ter nada. Aqueles que pretendem aumentar seus bens materiais devem estar dispostos a repartir (investir) o pouco que tiverem e aguardar o retorno. Enquanto se agarrarem ao precioso dinheiro, não apenas permanecerão na miséria como empobrecerão cada dia mais. No final, terão perdido tudo o que amam sem ter lucrado nada. Mas se forem sábios e deixarem que o dinheiro siga seu curso, assim como o fazendeiro, espalharão sementes de ouro e, com razão e fé, terão a certeza do aumento de suas riquezas.

Os homens pedem a Deus que lhes dê paz e pureza, retidão e bem-aventurança, mas por que não as obtêm? Porque não praticam, porque não semeiam. Certa vez, ouvi um padre pedir perdão com muita veemência para, em seguida, ao longo do sermão, convocar a congregação a "não ter misericórdia dos inimigos da igreja...". Ainda é preciso aprender que a maneira de ter paz e bem-aventurança é disseminar pensamentos, palavras e ações pacíficos e bem-aventurados.

Ainda há quem acredite que, mesmo semeando discórdia, impureza e falta de fraternidade, bastará apenas pedir a Deus para lhe prover uma colheita farta, paz, pureza e concórdia. Não existe nada mais patético do que a cena de alguém irritado e briguento rezando por paz. Colhe-se o que se semeia. É possível colher imediatamente e de uma vez por todas a bem-aventurança se deixarmos de lado o egoísmo e espalharmos sementes de bondade, de gentileza e amor.

Aquele que se encontra perturbado, perplexo, triste ou infeliz deveria indagar a si mesmo:

> *"Quais sementes mentais eu plantei?"*
> *"Quais sementes estou plantando?"*
> *"O que eu fiz para os outros?"*
> *"Qual foi minha atitude para com eles?"*
> *"Quais sementes de angústia, tristeza e infelicidade devo ter plantado para colher essas ervas daninhas?"*

A resposta está dentro de nós e, quando a encontrarmos, devemos abandonar todas as sementes do eu para, daí em diante, semear apenas a Verdade. Aprendamos com o fazendeiro as verdades simples da sabedoria.

O reino da lei

Os deuses da fartura já tiveram seu dia; já os deuses arbitrários, criaturas do capricho e da ignorância humana, caíram em descrédito. Muitos de nós já brigaram por eles e os defenderam, mas depois renunciaram a esses ídolos e passaram a destruí-los, agora indefesos de sua longa veneração.

O deus da vingança, do ódio e do ciúme, que se regozija com a queda dos inimigos, o deus parcial, que gratifica todos os desejos limitados e egoístas, o deus que salva apenas quem tem uma crença específica, o deus da exclusividade e do favoritismo (erroneamente chamados de Deus), esses pertencem à infância de nossa alma, são reles e tolos como nós, são uma fabricação do nosso eu egoísta. Renunciemos a todos esses deuses mesquinhos, com lágrimas amargas e dúvidas, nós os venceremos com mãos ensanguentadas. Agindo assim, não nos afastamos de Deus; assim, nos aproximaremos do grande e silencioso Coração de Amor. Ao destruirmos os ídolos do eu, começamos a compreender o Poder indestrutível e iniciamos um conhecimento mais amplo do Deus do Amor, da Paz e da Alegria, um Deus que não é vingativo e parcial; o Deus da Luz que afugenta as trevas do medo, da dúvida e do egoísmo. Chegamos a uma fase do progresso do mundo quando somos testemunhas da morte dos falsos deuses do egoísmo e da ilusão.

A nova-antiga revelação de uma só Verdade universal e impessoal voltou a iluminar o mundo e sua luz investigativa consternou os deuses mortais abrigados na sombra do eu. Os homens perderam a fé no deus que podia ser bajulado – um governante arbitrário e caprichoso, capaz de subverter toda a ordem das coisas para satisfazer os desejos de seus adoradores – e passaram a enxergar uma nova luz e a acalentar uma nova alegria no coração: as das Leis de Deus. E voltaram-se a Ele, não para garantir felicidade ou gratificações pessoais, mas para adquirir conhecimento, compreensão e se libertar da escravidão do eu. A busca não foi em vão e ninguém foi afastado vazio e frustrado. Assim, descobriram em seu interior a supremacia da Lei, na qual cada pensamento, impulso, ação e palavra cristalizam-se em resultados de acordo com a natureza de cada um; pensamentos de amor geram circunstâncias belas e abençoadas, os odiosos propiciam condições distorcidas e dolorosas. Os bons e maus pensamentos e ações são então pesados na balança irrepreensível da Lei Suprema, que coloca a porção de benção em um prato e a angústia no outro.

Essas descobertas levam a um novo Caminho, o da Obediência à Lei. E nesse caminho não há mais acusações, dúvidas, preocupações ou desânimo, pois a razão de Deus é incontestável, as leis universais e o cosmo estão corretos. O erro, se houver, é individual, pois a salvação depende de cada um, de seus esforços, da aceitação pessoal do que é bom e da rejeição deliberada do mal. Não haverá mais meros ouvintes, mas sim os donos da Palavra, aquela que traz conhecimento, compreensão, sabedoria e uma vida de gloriosa libertação da escravidão do eu.

"A Lei de Deus é perfeita, ilumina os olhos." A imperfeição reside na ignorância cega. A Lei Perfeita está à disposição de todos aqueles que persistem em buscá-la, essa é a ordem das coisas, a lei é sua e minha e faz parte do agora, se deixarmos de ser egoístas e adotarmos uma vida de auto-obliteração.

O conhecimento da Verdade com toda sua indizível alegria, calma e força tranquila não é para aqueles que insistem em se apegar aos seus "direitos", defendendo seus "interesses" e brigando por suas "opiniões", compenetrados em trabalhar com o "eu" pessoal construído sobre as areias movediças do egoísmo. O conhecimento da Verdade vale para aqueles que renunciaram às causas da contenda, fontes de dor e tristeza, para os que são Filhos da Verdade de fato, discípulos do Mestre, adoradores do Altíssimo. Os Filhos da Verdade estão no mundo de hoje pensando, agindo, escrevendo; até mesmo profetas vivem no meio de nós, isso mesmo, e sua influência permeia tudo ao nosso redor. Uma corrente de alegria sagrada ganha força no mundo, levando homens e mulheres a terem novas aspirações e esperanças, e mesmo os cegos e surdos sentem um estranho desejo de ter uma vida melhor e mais completa.

A Lei é soberana e rege o coração e a vida de todos que compreenderam seu reinado e têm buscado o Tabernáculo do Deus verdadeiro pelo caminho justo do altruísmo. O Bem não pode ser alterado em favor do homem, pois, se assim fosse, o perfeito seria imperfeito; é ele quem precisa seguir a Deus, implicando que o imperfeito tenha que se tornar perfeito. Não podemos infringir a Lei, caso contrário haveria anarquia, devemos obedecê-la em favor da harmonia, da ordem e da justiça.

Não existe escravidão mais dolorosa do que estar à mercê das próprias inclinações; não existe liberdade mais ampla do que a estrita obediência à Lei da Existência, segundo a qual o coração deve ser purificado, a mente, regenerada, e todo o ser, submisso ao Amor, até que o eu pereça e o Amor seja tudo em todos, pois o reino da Lei é o reino do Amor. O Amor está lá, à espera de todos, não rejeita ninguém, pode ser reivindicado e aceito agora, pois o Amor é a herança a que todos nós temos direito.

Como é linda a Verdade! A ciência de que muitos aceitam essa herança divina e garantem a entrada no Reino do Céus! Mas como é lamentável o erro! Saber que o homem rejeita a Verdade por amar somente o eu! Obedecer à Lei significa destruir o pecado e destruir o eu, e então poder sentir a alegria plena – como um céu ensolarado, sem nuvens – e a paz eterna. No entanto, ao apegar-se às propensões egoístas, é como desenhar nuvens de dor e de tristeza na alma; essas nuvens carregadas vão obscurecer a luz da Verdade e criar um distanciamento entre a pessoa e toda a bem-aventurança real, pois "colhe-se aquilo que se planta".

A Lei reina na Verdade para todo o sempre. E a Justiça e o Amor são seus ministros eternos.

A justiça suprema

O universo material se mantém e se preserva mediante o equilíbrio de suas forças. O universo moral se sustenta e se protege pelo equilíbrio perfeito de seus equivalentes. Assim como a natureza abomina o vácuo, o mundo espiritual rejeita a desarmonia.

A natureza pode se alterar e ser destruída, e, por trás da mutabilidade das formas, reside uma simetria matemática eterna e perfeita. No coração da vida, além de toda dor, incerteza e inquietação, existe harmonia eterna, paz inabalável e justiça inviolável. Portanto, não há injustiça no universo? Há injustiça no universo, claro, mas também não há certas vezes. Isso depende do julgamento e da maneira pelos quais se percebem o mundo, conforme o tipo de vida e tipo de estado de consciência que se vivem. Ao se submeter às paixões, observa-se injustiça por toda parte, mas caso se consiga superar essas paixões, perceberemos que a Justiça age em todos os sentidos na nossa vida. A injustiça é o delírio febril da paixão, embora pareça bem real para aquele que o vivencia. A Justiça é a realidade da vida, gloriosamente visível para quem acordou do pesadelo doloroso do eu.

Ninguém percebe a Ordem Divina enquanto a paixão e o eu não forem esquecidos; é impossível se aproximar da Justiça Impecável antes que a injúria e o erro se transformem em cinzas nas chamas puras do Amor que tudo consome. Aquele que considera que foi "desprezado, injuriado, insultado e tratado injustamente" não sabe o significado de Justiça. Cego pelo eu, não percebe os puros princípios da Verdade, insiste nos erros e vive em constante tristeza. Existe um conflito interminável das forças da paixão que causa sofrimento a todos os envolvidos nesse processo.

A Justiça Divina está acima da ação e da reação, do ato e da consequência, da causa e do efeito, regulando o jogo de forças com precisão matemática, equilibrando causa e efeito de modo acurado. No entanto, nem todos conseguem notar – nem podem – a Justiça no processo de uma contenda. Para notá-la, é necessário desvestir-se do feroz oponente, deixar de lado a paixão. E a paixão engloba as dissidências, as contendas, guerras, processos, acusações, condenações, impurezas, fraquezas, loucuras, ódios, vinganças e ressentimentos. E como alguém pode perceber a Justiça ou entender a Verdade se estiver parcialmente tomado e cego por esses elementos? Seria o mesmo que ser queimado pelo fogo porque ficou imóvel pensando na razão que provocou o incêndio.

Ao nos deixarmos levar pelas paixões, a injustiça pode ser observada apenas nas ações dos outros, pois vamos avaliar somente o que está acontecendo na hora, como se fosse uma ação independente e não relacionada à causa e à consequência. Sem conhecimento moral de causa e efeito, o julgamento será parcial, pois não haverá equilíbrio entre os fatos do momento. Por isso, o indivíduo não se acha injusto em suas ações, para ele, injusto são apenas os outros.

Por exemplo, um menino maltrata um animal indefeso. Um homem pune esse menino por sua crueldade. Outro homem mais forte ataca, então, esse primeiro homem pela crueldade praticada com o menino. Cada um deles acredita que o outro foi injusto e cruel, crendo ser ele mesmo justo e humano. Ao fim de tudo, o menino poderia dizer que sua conduta com o animal foi necessária. Assim, a ignorância mantém o ódio e a contenda latentes, fazendo os homens sofrerem, cegos pela paixão e pelo ressentimento, sem encontrar o verdadeiro caminho da vida.

O ódio combina com o ódio, a paixão combina com a paixão, a contenda, com a contenda. O homem que mata morre assassinado; o ladrão que rouba dos outros rouba de si mesmo; o animal que caça é caçado; o acusador é o réu; quem condena é condenado; o denunciante é denunciado.

> *O assassino se apunhala com o próprio punhal,*
> *O juiz injusto perdeu seu defensor,*
> *A língua falsa condena a mentira que profere,*
> *O ladrão adulador e o indulgente roubam para se render.*
> *Assim é a lei.*

A paixão tem dois lados, o lado passivo e o lado ativo. O tolo e o fraudador, o opressor e escravo, o agressor e vingador, o charlatão e supersticioso se complementam e se apresentam juntos perante a Lei da Justiça.

De um modo inconsciente, nós mesmos cooperamos para nossa aflição. "O cego conduz o cego, e ambos caem juntos no fosso." A paixão é a flor dos frutos da dor, do sofrimento e da tristeza. A alma apaixonada concebe apenas injustiça, mas quem consegue superar a paixão enxergará a causa e o efeito da Justiça Suprema. A essa altura, será impossível considerar que fomos injustiçados simplesmente porque não conhecemos mais a injustiça. Assim, temos a certeza de que ninguém pode nos ferir ou nos enganar, pois não estaremos agindo mais assim conosco. Mesmo que nos comportemos de modo passional, nós não sofreremos qualquer tipo de dor, pois estaremos cientes de que um acontecimento (um possível abuso ou perseguição) será efeito direto do que nós mesmos propagamos anteriormente. Portanto, consideraremos tudo bom e nos alegraremos com isso, amaremos nossos inimigos e abençoaremos quem nos amaldiçoar, considerando-os instrumentos cegos e benéficos, pois são eles que nos capacitarão a pagar nossas dívidas morais com a Grande Lei. Se conseguirmos ser bons e deixarmos de lado todo o ressentimento, a vingança e o egoísmo, vamos chegar ao Equilíbrio Eterno e Universal. E estando acima das forças cegas da paixão, nós as compreenderemos e as contemplaremos com uma postura calma e perspicaz, igualando-nos ao morador da montanha que observa o conflito das tempestades no vale a seus pés. Então, não existirá mais injustiça, pois irá perceber a ignorância e o sofrimento e a luz e a felicidade como duas medidas diferentes. Será possível saber que o tolo e o escravo e aquele que engana e o opressor, precisam igualmente de compaixão e, por isso, precisam de compreensão.

 A Justiça e o Amor Supremo compõem uma unidade. Não se pode separar a ação da causa e do efeito, e é impossível fugir de suas consequências. Ao praticar o ódio, o ressentimento, a raiva e ao condenarmos os outros, estamos sujeitos à injustiça também, do mesmo modo que aquele que "delira" só percebe a injustiça; por outro lado, ao superar esses sentimentos, chega-se à consciência de que a Justiça é soberana e que, na verdade, não existe injustiça no universo.

O uso da razão

    Dizem que a razão é um guia cego que afasta e atrai os homens para a Verdade. Se assim fosse, seria melhor continuar como estamos ou nos tornarmos irracionais e persuadir os outros a serem iguais a nós. No entanto, ao descobrirmos que o cultivo cuidadoso da razão divina proporciona calma e equilíbrio mental, enfrentamos com certa facilidade os problemas cotidianos da vida.

    É certo que existe uma luz superior à razão, incluindo a luz do Espírito da Verdade, mas sem a ajuda da razão, a Verdade não seria absorvida por nós. Se estivermos em negação, se nos recusarmos a enxergar a luz da razão, não é possível perceber a Verdade, pois a razão não é nada mais do que o reflexo da Verdade. Uma qualidade puramente abstrata, localizada entre a consciência animal e a consciência divina do homem, a razão, se bem empregada, viaja da escuridão de uma à Luz da outra. É bem verdade que a razão pode servir a uma natureza inferior e egoísta, mas apenas se for resultado de sua atuação parcial e imperfeita. O completo desenvolvimento da razão afasta o egoísmo e, em última análise, estabelece uma aliança entre a alma e o que é mais elevado e divino.

Aquele Percival[2] espiritual estará sempre "sozinho, esgotado em um terreno de areia e espinhos" enquanto tenta encontrar a taça do Santo Graal da Vida Perfeita; mas não ele está perdido, pois segue a razão, apesar de ter se apegado e relutado em deixar a procura em decorrência de algumas reminiscências de sua natureza inferior. Aquele que usa a tocha da razão para buscar a Verdade não ficará preso na escuridão desconfortável.

"Venham, vamos refletir juntos", disse o Senhor. "Embora os seus pecados sejam vermelhos como escarlate, eles se tornarão brancos como a neve."

Muitas pessoas passam por incontáveis sofrimentos e acabam morrendo em pecado porque se *recusaram a racionalizar*, apegaram-se às ilusões tão obscuras que até uma réstia da luz da razão se dissipou. É preciso empregar a razão, livre, completa fielmente, trocando assim a túnica escarlate do pecado pela vestimenta branca, pura e abençoada.

Como provamos e conhecemos essas verdades, estimulamos os outros a "trilhar o caminho intermediário, traçado pela Luz brilhante da razão que suaviza o silêncio", pois a razão afasta a paixão e o egoísmo e conduz às inevitáveis trilhas tranquilas da doce persuasão e do perdão, deixando de seguir guias cegos para, com fé, obedecer à determinação apostólica de "ponham à prova todas as coisas e fiquem com o que é bom". Portanto, aquele que despreza a Luz da Razão desdenha da Luz da Verdade.

São mitos que carregam a estranha ilusão de que, de alguma forma, a razão está intimamente ligada à negação da existência de

---

[2] Percival era um personagem do livro *Le Conte du Graal* (*O conto do Graal*), de Chrétien de Troyes, um dos maiores escritores franceses da Idade Média. Fonte: https://super.abril.com.br/historia/a-busca-do-graal/ Último acesso: 12/4/2021. (N.T.)

Deus. Provavelmente, aquele que tenta, de alguma maneira, provar a não existência de Deus baseia-se na razão, enquanto quem tenta justamente o contrário disso se fundamenta na fé. Esses argumentos, no entanto, geralmente se respaldam mais no preconceito do que na razão ou na fé; quando o objetivo não é encontrar a Verdade, mas defender e confirmar uma opinião preconcebida.

A razão não faz das opiniões efêmeras seu esteio, ela se baseia na verdade das coisas. Se usarmos sua essência pura e sublime nunca seremos escravos do preconceito e nos distanciaremos tanto das opiniões preconcebidas quanto das opiniões inúteis. Não é preciso provar ou refutar nada, mas avaliar os extremos, as contradições aparentes e fazer um exame desapaixonado para então chegar à Verdade. De fato, a razão está associada a tudo que for puro e gentil, moderado e justo. Dizem que um homem violento é "irracional", o gentil e atencioso, "razoável", e o louco é aquele que "perdeu a razão". A palavra, assim, na maioria das vezes, é utilizada inconscientemente, embora não deixe de ser verdadeira e abrangente. Apesar de a razão não significar amor, consideração, gentileza e sanidade, ela conduz e está intimamente ligada a essas qualidades divinas e não pode, exceto para fins de análise, ser dissociada delas.

A razão representa tudo o que é elevado e nobre em um homem. É a capacidade intelectual que o distingue do animal que segue cegamente suas inclinações selvagens, porém, se desobedecer a sua voz, qualquer um pode se tornar um selvagem. De acordo com o poeta inglês John Milton (1608-1674):

> *A razão no homem é oculta, ou não obedecida*
> *Desejos desordenados e imediatos*
> *Paixões oportunistas lhe tiram o controle,*
> *E a submissão aprisiona*
> *O homem livre até então.*

A definição da palavra "razão" encontrada no *Dicionário Nuttall* ajuda a compreender seu significado: "Aquilo que é a causa, fundamento, princípio ou início de alguma coisa que foi dita ou feita, origem, faculdade da inteligência do homem, especialmente aquela indispensável para se chegar à verdade necessária". Razão é um termo cuja amplitude é quase suficiente para abraçar a própria Verdade. O arcebispo Trench[3], em seu trabalho *Sobre o estudo das palavras* os termos "razão" e "palavra" "são de fato iguais, tanto que em grego uma só palavra define as duas coisas", "Logos"[4]. Portanto, a Palavra de Deus é Sua Razão. Em um dos ensinamentos do filósofo chinês Lao-Tsé, que viveu no século VI a.C., "Tao"[5] é a Razão. Na tradução chinesa do Novo Testamento, o Evangelho São João diz: "No princípio era o Tao".

Para a mente não desenvolvida e pouco caridosa, todas as palavras têm aplicações restritas, mas quem busca o conhecimento e aprimora a inteligência confere às palavras significados mais ricos, aumentando a amplitude de compreensão. Mas deixemos de lado as discussões tolas sobre as palavras e, como seres razoáveis, busquemos princípios e pratiquemos aquilo que contribui para a unidade e para a paz.

---

[3] Richard Chenevix Trench, *On the Study of Words – 1851*. (N.T.)

[4] O Logos (em Grego λόγος: PALAVRA), no grego, significava inicialmente a palavra escrita ou falada – o Verbo. (...) Logos passa a ser um conceito filosófico traduzido como razão, tanto como a capacidade de racionalização individual ou como um princípio cósmico da Ordem e da Beleza. Fonte: https://institutologos.com.br/significado-logos/. Último acesso: 20/4/2021. (N.T.)

[5] Historicamente, o taoísmo tem início com os ensinamentos difundidos por Lao Tzu V-IV a.C., – o qual também é conhecido como Lao Zi ou Lao Tsé. As ideias desse pensador estão compiladas na obra *Tao Te Ching*, que traz a base do pensamento taoísta. Fonte: Wikipedia. (N.T.)

Autodisciplina

Enquanto não começarmos a nos disciplinar, não viveremos, apenas existiremos. Assim como um animal, deixamo-nos guiar por desejos e inclinações para onde quer que eles nos levem. Se não houver disciplina, nossa felicidade pode ser comparada à felicidade de um jumento, pois não sabendo do que estamos nos privando, sofreremos da mesma forma, já que não imaginamos como deixar de sofrer. Sem refletir com inteligência, vivemos uma série de sensações, desejos e memórias confusas, não relacionadas a nenhum conceito ou e a nenhum princípio.

O caos de uma mente desgovernada é visível para todos. Por um tempo, é possível seguir o curso dos próprios desejos e, com isso, conseguir parte das necessidades e dos confortos da vida, mas o sucesso não será alcançado e nada bom será, de fato, realizado. Portanto, se a mente não for ajustada conforme as forças que nos posicionam no mundo exterior, o fracasso será inevitável.

Antes de realizar qualquer coisa duradoura, a primeira coisa que deve ser feita é dominar a mente. Isso é tão banal quanto dois e dois são quatro, pois "as questões independem do coração". Aquele que não conseguir dominar suas forças internas, não controlará com firmeza as atividades que compõem sua vida visível. Por outro lado, a autodisciplina amplia o nível de poder, de eficácia e de sucesso no mundo.

A única diferença entre a vida de um jumento e a vida dos indisciplinados é que a diversidade de desejos é maior e, por isso, eles sofrem muito mais. Pode-se dizer que esses já morreram, pois não têm autocontrole, pureza, força moral e força espiritual, e todas as qualidades nobres da vida. Em sua consciência, o Cristo crucificado e sepultado aguarda que a ressurreição traga vida ao sofredor mortal e o desperte para o conhecimento da realidade de sua existência.

Nós começamos a viver ao praticar a autodisciplina, saímos da desordem e ajustamos a conduta ao nosso íntimo inabalável. Deixamos de seguir apenas as nossas inclinações, dominamos o animal selvagem de nossos desejos e passamos a viver de acordo com os ditames da razão e da sabedoria. Até então, nossa vida parecia não ter propósito ou significado, mas, a partir de então, moldamos nosso destino e estaremos "vestidos e em perfeito juízo".

Os estágios do processo de autodisciplina são:

1. controle;
2. purificação;
3. renúncia.

A autodisciplina tem início com o controle das paixões que, até então, regiam a vida da pessoa; quando resistir às tentações se torna primordial, uma barreira protetora se ergue contra a vontade de se obter gratificações egoístas – antes consideradas fáceis e naturais, e que acabavam tendo o domínio completo do ser. Com isso o apetite é subjugado e passa-se a ingerir os alimentos como um ser razoável e responsável, selecionando o que se vai comer com moderação e bom senso, a fim de purificar o corpo com o qual viverá e com o qual agirá como um homem/uma mulher, não mais se degradando ao ceder aos prazeres gustativos e da gula. A partir de então, ele/ela coloca em xeque a língua, a calma e, de modo efetivo, todo seu desejo animal e suas tendências, mantendo o foco de todos seus atos. É um processo de vida que passa a se desenvolver de dentro para fora e não o contrário, como ocorria anteriormente. Ao conceber um ideal e conservá-lo no recanto sagrado do coração, é possível regular a conduta com precisão, de acordo com a demanda.

Conforme uma antiga teoria filosófica, existe um *núcleo imóvel* em todo o átomo e em todas as suas agregações do Universo, que constitui a fonte de todas as atividades universais. Assim, é certo que há uma essência altruísta no coração de todas as pessoas, sem essa essência não seria possível existir; ignorá-la seria um caminho certo para o sofrimento e a desorientação.

Esse "núcleo", essa essência, cristaliza-se em nossa mente como o ideal de altruísmo e de pureza imaculada que se almeja realizar; esse será o refúgio eterno nas tempestades da paixão e em todos conflitos de sua natureza inferior. Ele configura a Rocha Eterna[6], o Cristo interior, o divino e imortal em todos os homens.

---

[6] "Rock of Ages" é um hino cristão popular escrito pelo ministro anglicano reformado, o reverendo Augustus Toplady, em 1763. Acredita-se que Toplady se inspirou em um incidente no desfiladeiro de Burrington Combe em Mendip Hills, na Inglaterra. Toplady estava viajando por um desfiladeiro quando foi pego por uma tempestade. Impressionou-se por ter encontrado abrigo em uma brecha entre as rochas e rabiscou a letra inicial. Fonte editada: https://pt.qaz.wiki/wiki/Rock_of_Ages_(Christian_hymn)
A Bíblia também faz várias referências à Rocha.

> Confiem para sempre no Senhor,
> pois o Senhor, somente o Senhor,
> é a Rocha eterna.
> Isaías 26:4

A prática do autocontrole proporciona a aproximação gradativa da realidade interior de cada um; a tristeza, o prazer e a dor já não detêm o controle absoluto em nós. O controle constitui a garantia de uma vida segura e virtuosa que gera manifestações das forças morais e espirituais. No entanto, restringir as paixões é apenas o estágio inicial da autodisciplina, e a Purificação é a etapa subsequente desse processo.

Ao impor limites, o homem então se purifica, e passa a não abrir mais espaço para as paixões no seu coração. Mas não basta limitar o crescimento das paixões, o mais importante é não permitir que elas se enraízem em nosso coração. Apenas conter a paixão não é suficiente para encontrar a paz e realizar nosso ideal, é preciso, antes de tudo, purificar o desejo. Para se fortalecer e se dignificar, é necessário se manter firme ao âmago ideal, para neutralizar a força e a eficácia das tentações. Também é importante ter cuidados criteriosos, meditar de modo consciencioso e seguir a aspiração divina

---

Outros exemplos em: https://www.bibliaon.com/rocha/

> Rocha Eterna, abra uma fenda para mim
> Deixe esconder-me em Ti
> Que a água e o sangue
> Que escorreu pelo Teu lado ferido
> Seja a cura dupla para o pecado
> Salvando-me da ira e me purificando
> Nenhuma obra de minhas mãos
> Pode cumprir as exigências da Tua lei
> Poderia meu zelo encontrar algum descanso?
> Poderiam minhas lágrimas escorrerem para sempre?
> Todos os pecados não podem ser reconciliados
> Tu podes salvar, e somente Tu.
> Nada trago em minhas mãos
> Agarro-me apenas à cruz.
> Nu, venho a ti para me vestir
> Desamparado, olho para Ti buscando graça.
> Sujo, corro para a fonte
> Banhai-me, Salvador, ou eu morro.
> Rocha Eterna, abra-se para mim, deixe-me esconder em Ti.
> Banhai-me, Salvador, ou eu morro. (N.T.)

para atingir a purificação. Assim, desaparece a desordem que antes reinava na mente e na vida, assegurando a tranquilidade mental e a conduta calma e espiritualizada.

A verdadeira força, o verdadeiro poder e sua funcionalidade têm origem na autopurificação. Por meio dela, as forças animais não deixaram de existir, mas foram transformadas em energia intelectual e espiritual. O princípio de uma vida pura (as ações e os pensamentos puros) é conservar a energia que dissipa a impureza (mesmo que essa não deixe o pensamento). Alguém que alcança a pureza se torna mais capacitado e apropriado a executar seus planos e alcançar propósitos, muito diferente do que ocorre a alguém que não consegue alcançar a pureza. A cada tropeço do homem impuro, aquele que é puro dá um passo à frente, e é vitorioso por direcionar suas energias com mente calma, definição e força de propósito.

Conforme o grau de pureza se amplia, todos os elementos que constituem uma existência sólida e virtuosa vão desenvolvendo força; isso capacita a pessoa a dominar sua natureza inferior e a controlar as paixões, moldando assim as circunstâncias externas da vida, o que lhe possibilita influenciar os outros para o bem.

O terceiro estágio da autodisciplina, a Renúncia, consiste em afastar da mente os desejos inferiores e todos os pensamentos impuros e indignos, além de recusar admiti-los e deixá-los fenecer. À medida que a pureza se consolida, percebe-se que o mal perde sua força – exceto se for encorajado –, assim, o mal é ignorado e encarado como algo passageiro.

Ao buscar esse aspecto da autodisciplina, compreende-se a necessidade que se tem dela, e tem início a vida superior, ao se manifestarem as qualidades puramente divinas, como sabedoria, paciência, resiliência, compaixão e amor. É nesse momento que se atende a consciência da imortalidade, o que nos eleva acima de todas as instabilidades e incertezas da vida, e nos faz atingir uma paz inteligente e imutável. A autodisciplina promove todos os graus de virtude e de santidade, transformando-nos, finalmente, em filhos purificados de Deus, conhecedores de nossa unidade como o cerne de todas as coisas.

Sem a disciplina cairemos cada vez mais, nos acercando do animal, a criatura perdida que agora rasteja na lama da própria podridão dos desejos e paixões. Aquele que se autodisciplinou galgará patamares cada vez mais altos, aproximando-se do divino, e a dignidade divina o manterá em uma postura ereta, pois sua alma será salva e glorificada pelo esplendor de sua pureza. Permita que o homem se discipline e ele viverá, e, caso o processo de disciplina cesse, ele perecerá. Uma árvore engrandece sua beleza e saúde por ter sido cuidada e podada; o homem resplandece em graça e virtude ao cortar os ramos do mal de sua mente, enquanto cultiva e desenvolve o bem por meio de esforços constantes e infalíveis. A prática leva à proficiência do ofício, desse modo, ele terá a capacidade para o bem e para a sabedoria.

O início da autodisciplina parece difícil e assustador, por isso muitos a evitam, a vontade de ceder ao desejo é convidativa mas leva às trevas e à inquietação, ao passo que os frutos da disciplina são a imortalidade e a paz.

Resolução

A resolução é a força direta e impulsionadora do progresso de cada um de nós. Sem resolução torna-se difícil concluir qualquer obra substancial. Só nos desenvolveremos rápido e de modo consciente quando assumir uma resolução, só assim teremos objetivos, sem eles a vida seria instável. No entanto, uma resolução pode estar relacionada às tendências inferiores, e embora seja mais comum ela vir acompanhada de objetivos nobres e ideais elevados, o foco desse livro é a utilização e a aplicação da forma mais elevada.

Quando estamos insatisfeitos com algo e resolvemos mudar, é sinal de que estamos começando a nos controlar para melhorar nossa obra com a ajuda dos instrumentos mentais que compõem nossa vida e nosso caráter. Na medida em que formos fiéis conseguiremos atingir esse propósito.

Os votos dos santos de outrora foram resoluções sagradas na batalha contra o eu. As belas realizações desses santos e as conquistas gloriosas dos Instrutores Divinos foram possíveis e reais por terem sido consequência da busca de uma resolução inabalável. A determinação convicta de trocar o caminho seguido até então por outro caminho mais elevado, mesmo que fosse preciso enfrentar e superar as dificuldades dessa escolha, iluminará os lugares escuros com o halo dourado do sucesso.

A resolução verdadeira surge após longa reflexão, vem de uma batalha prolongada e de uma aspiração fervorosa, que nasce da insatisfação. Não é algo leve, um impulso caprichoso ou um vago desejo, mas é uma determinação solene e irrevogável, quando não há descanso nem esforços ineficazes até que o objetivo superior que se almeja seja totalmente alcançado. Resoluções mal resolvidas e prematuras nunca são consideradas verdadeiras e desmoronam na primeira dificuldade.

O processo de formação de uma resolução deve ser lento. É preciso examinar com muito critério nossa posição, considerar todas as circunstâncias e dificuldades relacionadas a ela e estar bem preparado para enfrentá-las. Deve-se estar certo de que se compreende a natureza da resolução em sua totalidade e de que foi nossa mente que tomou a decisão, sem nenhum temor ou dúvida. Com a mente assim preparada, a resolução será irreversível e, com a ajuda da força de vontade, o forte propósito será cumprido a seu tempo. As resoluções apressadas são frugais e a mente precisa ser fortalecida para poder ancorá-las. Assim que a decisão de trilhar caminhos mais elevados for tomada, têm início as tentações e as provações. Por exemplo, logo que se resolvemos levar uma vida verdadeira e nobre, somos tomados por uma enxurrada insuportável de novas tentações e dificuldades e, por isso, muitos de nós desistem do seu propósito. Contudo, essas tentações e provações são necessárias e fazem parte do processo de regeneração que escolhemos; elas devem ser encaradas como obstáculos a ser enfrentados com coragem para que a resolução seja efetivada.

Qual é a real natureza da resolução? Não seria a conscientização repentina de uma linha particular de conduta e a diligência de abrir um canal totalmente novo?

Imagine um engenheiro que precise mudar a direção de um rio caudaloso. A primeira atitude dele é abrir um novo canal e tomar todas as precauções para não falhar na empreitada. Quando chega o momento de executar a tarefa, a força da correnteza, acostumada a seguir o mesmo trajeto durante séculos, se rebela, então ele precisa apelar para toda paciência, todo cuidado e habilidade para que a obra seja bem-sucedida. É isso o que acontece quando resolvemos elevar nossa conduta. Depois de preparar a mente e abrir um novo canal, inicia-se o trabalho de redirecionamento das forças mentais – que até então fluíam ininterruptamente numa mesma direção – para encadeá-las de uma maneira diferente. Logo em seguida a essa tentativa, a energia reprimida assume a forma de fortes tentações e provações, até então desconhecidas e ocultas. É exatamente assim que deve ser, as mesmas leis regem a água e a mente. Ninguém pode mudar a lei estabelecida das coisas, mas deve aprender a compreendê-la em vez de reclamar e desejar que fosse diferente.

Quem compreende todo o processo envolvido na regeneração da mente "glorificará as adversidades", ciente de que, ao superá-las, ganhará força, pureza no coração e chegará à paz. Do mesmo modo que o engenheiro (talvez após de muitas tentativas e erros) consegue que o rio flua tranquilo em um canal mais largo e melhor – tendo solucionado a turbulência da água, e removido todas as barragens –, o homem resoluto que consegue finalmente direcionar os pensamentos e as ações para um novo rumo melhor e mais nobre ao qual aspirava, substitui as tentações e as provações por uma força inabalável e uma paz estável.

Quando não há harmonia entre a vida e a consciência, embora exista o desejo de redirecionar a mente e a conduta para um caminho específico, é necessário primeiro amadurecer o propósito por meio de reflexões sérias e um autoexame cauteloso. A conclusão final deve estar bem fundamentada e não pode haver desvios em nenhuma circunstância a fim de que o nobre objetivo seja alcançado, pois a Grande Lei sempre abriga e protege aquele que, independentemente da seriedade de seus pecados, ou do tamanho de seus vários erros e falhas, resolveu no fundo do coração encontrar um caminho melhor. Desse modo, todos os obstáculos acabarão cedendo diante de uma decisão madura e inabalável.

A conquista gloriosa

Só se aprende a verdade quando se conquista a si mesmo. Só se obtém a bem-aventurança quando se supera a natureza inferior. O eu do homem bloqueia o Caminho da Verdade. Assim, os únicos inimigos que podem atrapalhá-lo são suas paixões e suas desilusões. Enquanto não ele perceber isso e começar a limpar seu coração, não encontrará o Caminho rumo ao conhecimento e à paz.

Enquanto a paixão for metafísica, a Verdade permanecerá desconhecida. Essa é a Lei Divina. É impossível manter ao mesmo tempo a paixão e a Verdade. O erro persistirá enquanto houver egoísmo. Não existe teoria mística para superar o eu, muito ao contrário, é algo real e prático. Para que as medidas sejam realmente bem-sucedidas, é preciso que o procedimento seja realizado diariamente, hora a hora, tendo uma fé inabalável e admitindo uma resolução destemida. Esse processo se pauta por estágios sequenciais, como o crescimento de uma árvore, que só produz frutos depois de ser cuidada com critério e paciência. Os frutos puros e satisfatórios da santidade humana só se obtêm exercitando a mente com fé e paciência, a fim de desenvolver pensamentos e condutas com retidão. São cinco etapas para superar a paixão (que incluem todos os hábitos ruins e as formas de transgressões):

1. coibição;
2. resistência;
3. eliminação;
4. compreensão;
5. vitória.

Falhamos ao superar os pecados, pois tentamos começar sempre pelo último item. Aspiramos chegar à vitória sem ter passado pelos quatro estágios anteriores. É como o jardineiro que quer obter bons frutos sem semear e cuidar do que planta.

A *coibição* consiste em impedir e controlar a ação errada para que ela não se realize (como uma explosão de raiva, uma palavra ríspida ou indelicada, a indulgência egoísta, entre outros). O jardineiro retira os galhos e os botões inúteis da planta. Esse é um procedimento necessário, embora dolorido. A planta sangra no decurso, e o jardineiro sabe que não pode sobrecarregá-la. Nosso coração também sangra quando não retribui paixão com paixão para de se defender e justificar. É o processo de "mortificação dos membros" referido por São Paulo[7].

Reprimir é apenas o começo da autoconquista. Seria hipocrisia interromper o processo por se considerar que não há motivo para purificar o coração e continuar se esforçando para esconder

---

[7] São Paulo, por meio da Carta aos Colossenses 3:5, nos exorta quanto à necessidade de controlar aqueles desejos que não trazem o crescimento para a nossa vida.
fonte: https://formacao.cancaonova.com/igreja/ano-paulino/mortificar-nossos-membros-corrigir-nossas-atitudes. Último acesso: 11/4/2021. (N.T.)

a verdadeira natureza para aparentar melhor aos olhos dos outros. Nesse caso é um mal, porém, quando adotado como primeiro estágio da purificação total, acaba sendo um bem. Essa prática leva ao segundo estágio, a *resistência*, ou tolerância, quando se suporta a dor em silêncio ao enfrentar certas ações e atitudes de outras mentes. À medida que se é bem-sucedido nesse estágio, percebe-se que a verdadeira origem de toda a dor está nas nossas fraquezas, ela não é fruto das atitudes erradas dos outros em relação a nós e serviram apenas para trazer à tona e revelar nossos pecados. E, aos poucos, vamos isentando os outros da culpa por nossas quedas e lapsos de conduta, nos acusando somente e, assim, aprendemos a amar aqueles que, de modo inconsciente, nos revelaram nossos pecados e deficiências.

Ao passar por esses dois estágios de autocrucificação, entramos na fase da *eliminação*, na qual o pensamento equivocado por trás do ato errado é expulso assim que desponta na mente. É nesse estágio que a força consciente e a alegria sagrada substituem a dor, e, com a mente relativamente mais calma, consegue-se ter uma visão mais profunda de suas complexidades; entendemos o início, o crescimento e a atuação do pecado, passando, então, para a fase da *compreensão*.

A compreensão total é uma conquista do eu, um avanço tão completo que a semente do pecado não encontra mais um solo fértil na mente, nem mesmo como pensamento ou como impressão. Quando se conhece sua totalidade, desde o princípio até o amadurecimento em ações e consequências, sua existência é proibida e o abandono, apenas uma decorrência. Então, a mente estará em paz. Os discípulos não se sentem mais afetados pelos outros, não sentem dor nem a presença do mal, pois se tornaram sábios e felizes transbordando amor, tendo a bem-aventurança como companheira. Isso se chama Vitória!

Contentamento na ação

É comum alguns escritores confundirem a virtude espiritual positiva, ou princípio, com o vício animal negativo, mesmo aqueles escritores da chamada "Escola do Pensamento Avançado". Muita energia valiosa tem sido despendida em críticas e condenações, quando um mínimo de racionalidade tranquila teria revelado uma luz maior e gerado um exercício de caridade mais amplo.

Há algum tempo me deparei com um ataque ao ensino do "Amor", o escritor condenou o sentimento como fraco, tolo e hipócrita. Nem é mencionar que o "Amor" criticado era meramente o sentimento fraco e hipócrita. Outro escritor culpou a "brandura", sem saber que o conceito ao qual se referia era o de covardia; um outro atacava a "castidade" como se fosse uma "armadilha", confundindo a restrição dolorosa e hipócrita com a virtude. Recentemente recebi uma longa carta em que o correspondente se empenhou muito para me mostrar que "contentamento" é um vício, fonte de inúmeros males. Não há dúvida de que ele se referia à *indiferença animal*. O espírito da indiferença é incompatível com o progresso, enquanto o contentamento pode e, de fato, acompanha as atividades mais elevadas, significa o avanço e o desenvolvimento verdadeiros.

A indolência é a irmã gêmea da indiferença, já a ação feliz é amiga do contentamento. Essa é uma virtude que, posteriormente, se torna elevada e espiritual, na medida em que a mente é treinada para perceber e o coração é treinado para ser orientado em tudo, de acordo com a Lei misericordiosa. Estar satisfeito não tem o mesmo sentido de renunciar ao esforço, mas sim dizimar a ansiedade. Não significa se contentar com o pecado, ou com a ignorância e a insensatez, mas descansar com a alegria do dever cumprido e realizado. É possível que um homem se contente em ter uma vida humilhante, subsistir no pecado e em dívidas, mas na verdade seu estado é o da indiferença ao dever, às obrigações e às justas reivindicações de seus semelhantes. Não se pode dizer que ele seja dono dessa virtude, pois não sente o sabor da alegria pura e permanente que acompanha o contentamento ativo, sua natureza real é a de uma alma adormecida, que cedo ou tarde despertará com o intenso sofrimento, para depois encontrar o contentamento legítimo, resultado do esforço honesto e de uma vida fidedigna.

Devemos nos contentar com três coisas:

1. com tudo o que acontecer;
2. com as amizades e posses;
3. com os pensamentos puros.

Ao ficarmos felizes com qualquer coisa que acontecer, nos esgueiramos da tristeza; com os amigos e com posses, evitaremos a ansiedade e a penúria, e com os pensamentos puros, jamais voltaremos a sofrer e nunca mais nos arrastaremos nas impurezas.

Mas há três coisas com as quais não devemos nos contentar:

1. com nossas próprias opiniões;
2. com nosso caráter;
3. com nossa condição espiritual.

Não se contentar com as próprias opiniões incentiva a expansão progressiva da inteligência; não se satisfazer com o próprio caráter é o mesmo que estimular o crescimento incessante das forças e das virtudes; a insatisfação com a própria condição espiritual significa ampliar a sabedoria no dia a dia e tornar plena a bem-aventurança. Em suma, precisamos estar contentes, mas não indiferentes ao nosso desenvolvimento como pessoas responsáveis e espirituais.

O autêntico homem feliz trabalha com empenho e vitalidade, aceita todos os resultados com um espírito tranquilo, confiando que em um primeiro momento tudo pode parecer estar bem, mas depois, à luz do crescimento, ele entenderá que os resultados corresponderão exatamente aos esforços empregados. Qualquer posse material chegará até ele não por ganância ou ansiedade e contenda, mas pelo pensamento correto, por ação sábia e puro esforço.

O templo da fraternidade

A Fraternidade Universal é o Ideal supremo da Humanidade, e o mundo se move nessa direção, lenta e continuamente. Hoje, mais do que nunca, muitos se empenham para que esse ideal seja tangível e real. As Irmandades surgem por toda parte e, tanto a igreja como a imprensa de todo o mundo, propagam a Fraternidade dos Homens.

Os elementos desse esforço altruísta não deixam de provocar seus efeitos na raça humana, pois a encorajam a atingir o objetivo de suas aspirações mais nobres. Contudo, esse estado ideal ainda não se manifestou em nenhuma organização externa, e irmandades formadas com o propósito de propagar a Fraternidade estão sempre se dizimando por causa da discórdia entre seus membros. A própria Humanidade afasta a Fraternidade almejada, e até mesmo aqueles que trabalham com afinco por essa possibilidade não percebem sua natureza puramente *espiritual* e os princípios envolvidos, como também não compreendem o curso individual de conduta necessário para uma unidade perfeita.

É impossível que a Irmandade como organização humana sobreviva enquanto qualquer espécie de egoísmo reinar em nossos corações unidos em prol de algum propósito, pois esse tipo de sentimento pode, por fim, romper a Santa Túnica[8] da nossa unidade amorosa. Mas, apesar de as Irmandades organizadas terem falhado, qualquer pessoa dona de um espírito sábio, puro e amoroso, que tenha abolido da mente qualquer possível discórdia, é capaz de perceber a perfeição, a beleza e a realização da Fraternidade, aprendendo, assim, a praticar as qualidades divinas sem as quais a Fraternidade não passaria de mera teoria, opinião ou sonho ilusório. Antes de mais nada, a Fraternidade é espiritual e sua manifestação para o mundo deve ser uma consequência natural.

Devemos buscar essa realidade espiritual no único lugar onde ela pode ser encontrada – *dentro de nós mesmos* –, cabe a cada um aceitá-la ou rejeitá-la.

Existem quatro principais tendências destrutivas que bloqueiam a compreensão da Fraternidade:

- ➜ orgulho;
- ➜ narcisismo;
- ➜ ódio;
- ➜ condenação.

---

[8] Tendo crucificado Jesus, os soldados tomaram as roupas dele e as dividiram em quatro partes, uma para cada um deles, restando a túnica. Esta, porém, era sem costura, tecida numa única peça, de alto a baixo. "Não a rasguemos", disseram uns aos outros. "Vamos decidir por sorteio quem ficará com ela." Isso aconteceu para que se cumprisse a Escritura que diz: "Dividiram as minhas roupas entre si, e tiraram sortes pelas minhas vestes". Foi o que os soldados fizeram. João 19:23,24. Fonte: https://www.bibliaonline.com.br/nvi/jo/19/23,24. Último acesso: 11/4/2021. (N.T.)

Qualquer uma dessas circunstâncias coíbem a realização da Fraternidade, pois elas dominam o coração e disseminam a discórdia, uma vez que suas naturezas são sombrias, egoístas e fontes contínuas de ruptura e destruição. Elas se originam de um ninho viperino de ações e de condições falsas, que envenenam o coração do homem e enchem o mundo de sofrimento e tristeza.

Do espírito do *orgulho* nascem a inveja, o ressentimento e a teimosia. O orgulhoso inveja a posição, a influência ou a bondade dos outros; seu pensamento é: "Mereço mais do que esse ou do que aquele"; o invejoso está sempre encontrando oportunidades para se ressentir pensando: "Fui desprezado"; "Fui insultado". Por pensar apenas na própria excelência, ele não consegue enxergar a excelência dos outros.

O espírito do *narcisismo* gera egoísmo, sede de poder, de descrédito e de desprezo. O narcisista adora a personalidade com a qual atua e perde-se na adoração e na glorificação do "eu" sem existência real, por estar num sonho obscuro, numa ilusão. O narcisista deseja ser superior a todos e pensa consigo: "Sou ótimo", "Sou o mais importante", e deprecia e despreza qualquer pessoa. Encantado com a própria beleza, ele não vê a beleza alheia.

Do espírito do *ódio* procedem a calúnia, a crueldade, a injúria e a raiva, o indivíduo luta para superar o mal com o próprio mal. Aquele que odeia diz: "Esse homem falou mal de mim, direi pior ainda sobre ele e, assim, lhe darei uma lição". Confunde crueldade com bondade e injuria o amigo que o reprova. Alimenta as chamas da raiva com pensamentos amargos e rebeldes.

A acusação, a falsa pena e o julgamento equivocado originam-se do espírito da *condenação*, que, por se alimentar do mal, não vislumbra o bem. Seus olhos são voltados apenas para o mal, encontrando-o em quase todas as coisas e pessoas: "Essa pessoa não age conforme eu gostaria, por isso é má e vou denunciá-la." O espírito da condenação é tão cego que, além de incapacitar o autojulgamento, nos leva a crer que somos juízes de tudo e de todos.

Não há nenhum elemento fraternal que venha dessas quatro tendências enumeradas, pois são tóxicos mentais mortais; aquele que se deixar envenenar não compreenderá os princípios pacíficos da Fraternidade.

Existem quatro principais qualidades divinas geradoras de Fraternidade, que são, por assim dizer, suas pedras fundamentais, a saber:

- humildade;
- rendição;
- amor;
- compaixão.

Haverá Fraternidade onde essas qualidades predominarem. Em qualquer coração onde elas prevalecerem, a Fraternidade será uma realidade estabelecida, pois suas essências são altruístas e iluminadas pela reveladora Luz da Verdade. Não haverá trevas, suas luzes eliminarão as tendências obscuras, dissolvendo-as e dissipando-as. As ações e as condições angelicais que delas provêm desenvolvem a unidade e levam alegria para o coração dos homens e do mundo.

A Humildade origina a mansidão e a paz; da Rendição provêm a paciência, a sabedoria e o julgamento verdadeiro; da bondade, da alegria e da harmonia brotam o Amor, e a Compaixão faz nascer a gentileza e o perdão.

Se nos harmonizarmos com essas quatro qualidades seremos divinamente iluminados, enxergaremos de onde procedem as ações dos homens e para onde são direcionadas, impossibilitando, portanto, a continuidade do viés das trevas. Chegaremos à conclusão de que ser fraterno é se libertar da malícia, da inveja, da amargura, da contenda e da condenação.

Somos todos irmãos, tanto os que possuem as mesmas propensões negativas quanto aqueles cuja vida é regida por essas qualidades iluminadas. Estes sabem que, em algum momento, o restante de nós perceberá a glória e a beleza da Luz da Verdade e, consequentemente, as tendências obscuras se dissiparão. E todos teremos uma atitude unificada de boa vontade com tudo e com todos.

Das quatro tendências sombrias nascem a animosidade e a contenda; das quatro qualidades divinas surgem a boa vontade e a paz.

O homem provocará conflitos se viver de acordo com as quatro tendências. Mas se for conduzido pelas quatro qualidades será um pacificador. Envolvido pelas trevas do egoísmo, ele acredita que pode lutar pela paz, matar para viver, destruir a injúria com a difamação, restaurar o amor com o ódio, a união com a discórdia, gentileza com crueldade; e constituir a fraternidade impondo opiniões próprias (que, com o tempo, as abandonará ao descobri-las inválidas) como objetos de adoração universal.

O desejado Templo da Fraternidade será construído no mundo quando os quatro alicerces da Humildade, Rendição, Amor e Compaixão estiverem fundamentados nos corações dos homens, pois antes de tudo a Fraternidade é o abandono do eu e a consolidação da união entre os homens.

São muitas as teorias e estratégias para se propagar a Fraternidade, no entanto, devemos considerar que o conceito em si é imutável e exige a completa eliminação do egoísmo e do conflito. É preciso exercitar a boa-fé e a paz, pois a Fraternidade é uma prática, não uma teoria. A Rendição e a boa vontade são seus guardiões, e a paz, sua morada.

Não há Fraternidade quando duas pessoas insistem em manter opiniões contrárias, apegando-se cada uma ao seu eu e à animosidade. Se estivermos dispostos à sintonia, sem ver o mal no outro, servir e não atacar, evidenciaremos o Amor à Verdade, provando a presença da Boa Vontade e da Fraternidade.

Todas as contendas, divisões e guerras são inerentes ao eu orgulhoso e inflexível, da mesma forma que a paz, a unidade e a concórdia são intrínsecas aos Princípios revelados pela renúncia do eu. A Fraternidade só é praticada e conhecida por aquele cujo coração está em paz com o mundo todo.

Agradáveis campos de paz

Aquele que aspira ao aperfeiçoamento de si e da humanidade deve se esforçar continuamente para exercitar o abençoado mental alcançado, colocando-se no lugar dos outros em vez julgá-los rigorosamente.

Um dos grandes obstáculos para conseguir alcançar essa atitude é a preconcepção. Enquanto não mudarmos nosso comportamento com os outros, não podemos esperar que ajam da forma como gostaríamos. A preconcepção é a destruição da bondade, da compaixão, do amor e do julgamento verdadeiro; inseparável da crueldade, sua força medirá a hostilidade e a indelicadeza do indivíduo em relação aos outros. Esse tipo de preconceito não tem nada de racional, por isso, assim que surge, nos faz perder a razão, abrindo espaço para a precipitação, a raiva e a excitação prejudiciais. Nesse estado, não medimos as palavras nem consideramos os sentimentos e as liberdades daqueles que rotulamos. Nesse meio-tempo, perdemos a humanidade e passamos a ser criaturas irracionais.

Enquanto estivermos determinados a nos apegar a estereótipos, considerando-os erroneamente como verdadeiros e nos recusando a ponderar impassivelmente as posições diferentes das nossas, dificilmente escaparemos do ódio ou alcançaremos a bem-aventurança.

Se nos esforçarmos para ser gentis e altruístas, conseguiremos nos distanciar do preconceito passional e das opiniões mesquinhas. Aos poucos, vamos adquirir o poder de pensar e de sentir pelos nossos pares, compreenderemos a condição particular deles de falta de conhecimento aprofundando-nos na vida e no coração de cada um com compaixão e enxergando-os como verdadeiramente são.

Não nos oporemos às ideias preconcebidas de terceiros impondo as nossas opiniões, mas dissiparemos o preconceito por meio da compaixão e do amor, nos esforçaremos para salientar tudo o que existe de bom nos homens, encorajando o bem e ignorando o mal. Perceberemos o bem pelos esforços altruístas alheios, mesmo que os métodos deles sejam bem diferentes dos nossos e, assim, livraremos nossos corações do ódio, substituindo-o por amor e bem-aventurança. Se, por acaso, estivermos propensos a julgar e a condenar os outros, devemos antes fazer um autoexame para saber até onde estamos aquém, não nos esquecendo de nossos próprios sofrimentos, quando também formos mal interpretados e mal compreendidos, aproveitando nossas experiências amargas para delas retirar sabedoria e amor. Devemos ter o cuidado de não ferir e não ignorar os donos de corações angustiados ainda muito imaturos e sem instrução para entender o que pretendem.

Os mais puros e iluminados não carecem de compaixão por viverem acima dessa necessidade. Devemos nos exercitar para reverenciá-los, esforçando-nos para chegar a um nível mais puro e, assim, possuirmos uma vida mais plena. Não é fácil entender completamente alguém que seja mais sábio do que nós, mas, antes de condenar, devemos fazer uma séria autoavaliação se somos, de fato, melhores do que aquele a quem nos comparamos com amargura. Se formos, devemos ter compaixão, caso contrário, vamos exercitar a reverência.

Por milhares de anos os sábios ensinaram, mediante princípios e exemplos, que o mal só é superado pelo bem, ainda assim, a maioria das pessoas não aprendeu a lição. Esse é um aprendizado muito profundo em sua simplicidade, embora difícil de ser compreendido porque os homens estão cegos pelas ilusões do eu. Muitos ainda se prendem ao ressentimento, condenam e combatem o mal em seus semelhantes e assim iludem o próprio coração, acrescentando à somatória mundial de miséria e de sofrimento. Quando descobrirem que o ressentimento deve ser erradicado e substituído pelo amor, o mal perecerá por falta de sustento.

> *Com a mente em conflito e o ódio predominando meu coração, busquei o erro dentro de mim, cedo, tarde,*
> *E todo o desfortúnio noite e dia.*
> *Meus sonhos e pensamentos foram destruídos e destroçados.*
> *O melhor de mim se elevou acima de tudo,*
> *O amor afugentou o animal que habitava em meu peito.*
> *A paz longínqua brilhou como uma estrela radiante sobre mim.*
> *Com um ato de amor eliminei o mal que me dominava,*
> *Eu o fiz sangrar de bondade,*
> *E durante anos enchi Sua alma de ternura e lágrimas.*

A antipatia, o ressentimento e a desaprovação são formas de ódio, enquanto não forem retiradas do coração, o mal prevalecerá. Mas obliterar as feridas da mente é apenas o primeiro passo rumo à sabedoria. O caminho mais elevado é a purificação do coração e ter em mente que, em vez de esquecer os ferimentos, o melhor é não ter nenhum ferimento para lembrar. Apenas o orgulho e o eu se injuriam com as ações e atitudes dos outros, e nem passa pela cabeça daquele que os afastou dizer que "Alguém me magoou", ou "Fui enganado", pois um coração purificado compreende corretamente as coisas que originam uma vida pacífica, livrando-se, assim, da amargura e do sofrimento com calma e sabedoria. Por sua vez, quem pensa que "Essa pessoa me feriu" ainda não percebeu a Verdade na vida, está longe da luz que dispersa a ideia errônea de que o mal deve ser odiosamente ressentido. Quem entra em conflito e se abala com os pecados de terceiros está distante da Verdade; já aquele que se sente da mesma forma em relação aos próprios pecados está bem próximo do Portal da Sabedoria. A pessoa cujo coração arde nas chamas do ressentimento não conhece a Paz e tampouco compreende a Verdade, ao contrário de quem bane esse sentimento da própria vida, esse sim caminhará para a Verdade.

Se tirarmos o mal de nosso coração, não seremos suscetíveis ao ressentimento, pois nossa origem e natureza estarão bem esclarecidas, a ponto de o classificarmos como uma manifestação dos erros da ignorância. Quanto mais esclarecidos estivermos, menor a chance de pecarmos. Quem peca não entende, caso contrário não pecaria.

A pessoa pura continua amorosa com quem, por ignorância, imagina ter o poder de lhe prejudicar. Não se afeta com a atitude errada dos outros em relação a ela, pois seu coração é pura Compaixão e Amor. Abençoado seja aquele que não tem erros para recordar, nenhuma mágoa para esquecer; em um coração puro, um pensamento odioso não cria raízes e muito menos floresce.

Que aqueles que almejam a vida correta, acreditam e amam a Verdade, parem de se opor irracionalmente aos outros e se esforcem para compreendê-los com calma e com sabedoria. Agindo dessa forma conquistarão a si mesmos. E, enquanto simpatizam com os outros, sua alma será alimentada pelo o orvalho celestial da bondade, e seu coração será fortalecido e revigorado para viver nos Agradáveis Campos da Paz.